U0801880

国家级技工教育规划教材
全国技工院校化工类专业教材

化工企业班组管理

张　怡　朱景洋　主编

中国劳动社会保障出版社

图书在版编目（CIP）数据

化工企业班组管理 / 张怡，朱景洋主编. -- 北京：中国劳动社会保障出版社，2023
全国技工院校化工类专业教材
ISBN 978 - 7 - 5167 - 6143 - 4

Ⅰ. ①化…　Ⅱ. ①张… ②朱…　Ⅲ. ①化工企业 - 生产小组 - 工业企业管理 - 技工学校 - 教材　Ⅳ. ①F407.766

中国国家版本馆 CIP 数据核字（2023）第 217117 号

中国劳动社会保障出版社出版发行
（北京市惠新东街 1 号　邮政编码：100029）
*
北京市科星印刷有限责任公司印刷装订　　新华书店经销

787 毫米 × 1092 毫米　16 开本　10.25 印张　218 千字
2023 年 12 月第 1 版　　2023 年 12 月第 1 次印刷
定价：32.00 元

营销中心电话：400 - 606 - 6496
出版社网址：http://www.class.com.cn

版权专有　　侵权必究
如有印装差错，请与本社联系调换：（010）81211666
我社将与版权执法机关配合，大力打击盗印、销售和使用盗版图书活动，敬请广大读者协助举报，经查实将给予举报者奖励。
举报电话：（010）64954652

《化工企业班组管理》编审委员会

主　　编　张　怡　朱景洋

副 主 编　苟正强　肖红玲

编　　委　**（以姓氏笔画为序）**

王　伟（济宁市技师学院）

朱景洋（山东化工技师学院）

刘　稳（山东化工技师学院）

肖红玲（兖矿鲁南化工有限公司）

张　怡（四川理工技师学院）

苟正强（成都玉龙化工有限公司）

孟宪琪（滨州市技师学院）

姚鸿雁（兖矿鲁南化工有限公司）

主　　审　杨发财（山东化工技师学院）

强叶东（成都石化工业学校）

总前言

为了深入贯彻党的二十大精神和习近平总书记关于大力发展技工教育的重要指示精神，落实中共中央办公厅、国务院办公厅印发的《关于推动现代职业教育高质量发展的意见》，推进技工教育高质量发展，全面推进技工院校工学一体化人才培养模式改革，适应技工院校教学模式改革创新，同时为更好地适应技工院校化工类专业的教学要求，全面提升教学质量，我们组织有关学校的一线教师和行业、企业专家，在充分调研企业生产和学校教学情况、广泛听取教师意见的基础上，吸收和借鉴各地技工院校教学改革的成功经验，组织编写了本套全国技工院校化工类专业教材。

总体来看，本套教材具有以下特色：

第一，坚持知识性、准确性、适用性、先进性，体现专业特点。教材编写过程中，努力做到以市场需求为导向，根据化工行业发展现状和趋势，合理选择教材内容，做到“适用、管用、够用”。同时，在严格执行国家有关技术标准的基础上，尽可能多地在教材中介绍化工行业的新知识、新技术、新工艺和新设备，突出教材的先进性。

第二，突出职业教育特色，重视实践能力的培养。以职业能力为本位，根据化工专业毕业生所从事职业的实际需要，适当调整专业知识的深度和难度，合理确定学生应具备的知识结构和能力结构。同时，进一步加强实践性教学的内容，以满足企业对技能型人才的要求。

第三，创新教材编写模式，激发学生学习兴趣。按照教学规律和学生的认知规律，合理安排教材内容，并注重利用图表、实物照片辅助讲解知识点和技能点，为学生营造生动、直观的学习环境。部分教材采用工作手册式、新型活页式，全流程体现产教融合、校企合作，实现理论知识与企业岗位标准、技能要求的高度融合。部分教材在印刷工艺上采用了四色印刷，增强了教材的表现力。

本套教材配有习题册和多媒体电子课件等教学资源，方便教师上课使用，可以通过技工教育网（http://jg.class.com.cn）下载。另外，在部分教材中针对教学重点和难点制作了演示视频、音频等多媒体素材，学生可扫描二维码在线观看或收听相应内容。

本套教材的编写工作得到了北京、河南、山东、云南、江苏、江西、四川、广西、广东等省（自治区、直辖市）人力资源社会保障厅及有关学校的大力支持，教材编审人员做了大量的工作，在此我们表示诚挚的谢意。同时，恳切希望广大读者对教材提出宝贵的意见和建议。

本书前言

本书以化工企业班组一天的工作活动为主线，以岗位职责和工作流程为基础，围绕班组管理的重要内容，通过工作任务对班组生产及日常管理进行提炼和总结。本书覆盖了天然气化工、煤化工、石油化工等典型化工企业班组的管理要求，以任务引入带动知识点的学习，以任务实施的实战模拟加强学生对知识点的理解，是高级技工学校、技师学院化工类专业学习一线班组管理指导教材，也是企业开展班组员工培训的工作指导书。

本书内容分为六个模块，包括走进化工企业班组、交接班管理、日常巡检管理、生产运行管理、生产计划和成本管理、班组建设。各模块教学内容参考学时如下：

教学内容	学时	讲授学时	实验实训学时
模块一　走进化工企业班组	8	4	4
模块二　交接班管理	16	6	10
模块三　日常巡检管理	16	8	8
模块四　生产运行管理	16	8	8
模块五　生产计划和成本管理	8	4	4
模块六　班组建设	8	4	4
总学时	72	34	38

本书由四川理工技师学院张怡、山东化工技师学院朱景洋担任主编；成都玉龙化工有限公司苟正强、兖矿鲁南化工有限公司肖红玲担任副主编；济宁市技师学院王伟、滨州市技师学院孟宪琪、山东化工技师学院刘稳、兖矿鲁南化工有限公司姚鸿雁共同参与编写；由山东化工技师学院杨发财、成都石化工业学校强叶东担任主审。

本书编写分工如下：张怡、苟正强编写模块一、模块四（任务二和任务三），王伟编写模块二，孟宪琪编写模块三，肖红玲编写模块四（任务一和任务四），朱景洋、刘稳编写模块五，姚鸿雁编写模块六。

目　录

模块一

走进化工企业班组

班组是企业的“细胞”，是企业组织生产经营活动的基本单位。作为企业最基层的管理组织，班组具有结构小、工作细、管理全、任务实的特点。企业所有的生产最后都要下达到班组，每一项工作都要落实到班组，班组管理对企业的安全生产和连续生产起着决定性的作用。下面，让我们一起走进班组，认识班组的管理。

任务一　认识班组

学习目标

知识要求

1. 掌握　班组在企业管理中的作用和特点。
2. 熟悉　化工企业“一长三员”的工作职责。
3. 了解　直线型和直线－职能型组织结构的相互关系。

能力要求

1. 能绘制车间及班组的组织结构树状图。
2. 能识别班组中的各个岗位及岗位人员。
3. 具有良好的语言表达和沟通交流的能力。

任务引入

15 名 2023 级化工工艺专业高级工班的学生到某化工厂跟岗实习。学生完成岗前培训后，人力资源部负责人带领学生到合成氨车间报到，车间副主任、车间工艺技术员、车间安全员、设备技术员和生产 1 班的班长在车间办公室与这批跟岗实习的学生进行了座谈。车间副主任介绍了合成氨车间的生产产品和年产量、车间的职能组和车间人员总数；生产 1 班班长介绍了本班的岗位和人员构成；车间安全员强调了岗位安全职责。

请你和这 15 名学生一起认识该车间的组织结构形式和不同岗位的岗位职责。

任务分析

车间作为企业生产实体，其基本任务就是合理组织生产。车间的生产一般使用大型联动装置，管道纵横交错，工序间联系紧密，要求各个部门、各个岗位密切合作，共同完成复杂的生产工艺。车间规模大小、生产性质决定岗位、人员的组成。一个车间包含多个班组及其成员，还有车间工艺技术员、车间安全员等其他人员，少则几十人，多则上百人。一般人数在 100 人以上的称分厂，100 人以下的称车间。作为实习生，要清楚自己所在车间、班组的组织结构和岗位构成，熟悉岗位职责，了解岗位的轮换和晋升方向，尽快适应岗位工作，明确自己职业生涯的努力方向。

相关知识

车间管理是在车间主任的领导下，按生产计划、调度指令及操作规程以班组、相关职能部门为单位组织生产的管理活动。班组管理是班组成员在班长的指导下，按照调度的指令，具体负责本岗位生产操作和工艺技术指标控制的管理活动。

在生产管理上，班组成员对班长负责，班长、车间职能部门对车间主任负责，车间主任对公司生产副总经理负责，形成一个环环相套的、紧密的企业管理层次。

一、车间和班组的组织结构

1. 车间的组织结构

企业车间组织结构一般是直线－职能型（见图 1－1），车间内部设职能组，有权在各自业务范围内向下级下达命令。一般化工企业的“一长三员”指的是班长，车间安全员、车间工艺技术员和设备技术员（简称三大员）。班长和三大员属于车间的管理人员，接受车间主任的直接领导，三大员协助班长，参与班组生产指导。

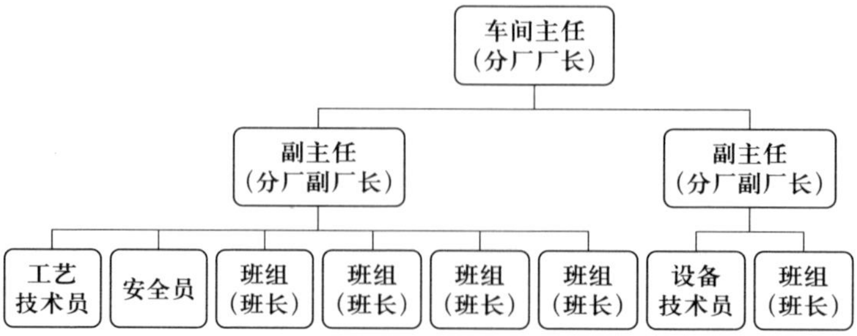

图 1－1　车间的组织结构示意图

2. 班组的组织结构

班组的组织结构一般是直线型（见图 1－2），由班长负责班组人员的管理。班组一般根据生产班次进行划分，如白班、中班、夜班。一个班组有一个班长，一个或多个副班长。班组有多个岗位，每个岗位设外操岗和内操岗，有的还设有分析岗。外操岗负责点位监控（如巡检），内操岗负责数据监控（如总控），分析岗负责分析检测（如化验员），大家共同配合完成生产任务。现代化的班组人员不再是一个岗位干一辈子，通过转岗培训和学习，班组人员能够适应同一工序的不同岗位，甚至适应多个工序的不同岗位。

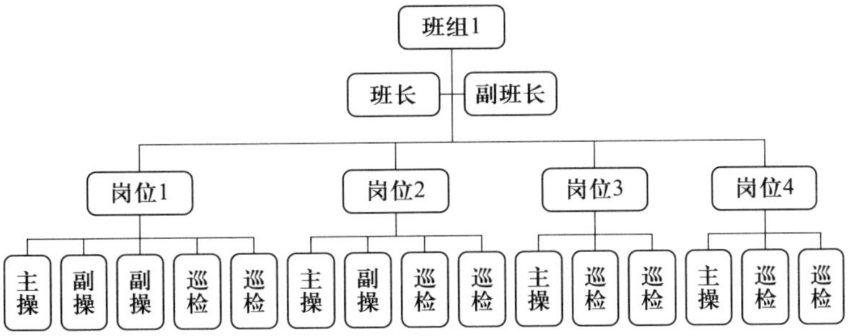

图 1－2　班组的组织结构示意图

二、“一长三员”的任职条件和岗位职责

1. 班长的任职条件和岗位职责

（1）任职条件

具有 3 年以上化工操作或专业技术经验，熟悉化工工艺、设备及消防安全，具有良好的组织、沟通和管理能力，责任心强，能够吃苦耐劳，执行能力、抗压能力、动手能力强。

（2）岗位职责

1）能按标准进行生产管理，设备管理，安全、环保管理，班组建设。

2）能合理调配班组资源，确保产品生产安全、环保、高产、低耗、长周期稳定运行。

2. 车间安全员任职条件和岗位职责

（1）任职条件

具有化工生产 3 年以上工作经验，具有注册安全工程师资格证书，熟悉国家法律法规、技术规范和标准等要求，熟悉企业生产系统工艺流程和设备；具有较强的组织、协调和沟通能力，工作认真负责，原则性强。

（2）岗位职责

1）负责车间日常安全管理，编制安全管理计划，落实安全管理计划的实施管控，做好现场管理，确保安全生产。

2）完成突发事件应急处置等临时性工作。

3. 车间工艺技术员任职条件和岗位职责

（1）任职条件

具有 3 年以上化工操作或专业技术经验，熟悉化工工艺、设备，具有较强的协调能力，工作认真负责，执行能力强。

（2）岗位职责

1）完成生产日常管理，检查生产状态，指导班组生产，统计各班组生产数据。

2）完成工艺基础管理，参与工艺指标的修改和工艺操作的优化，保管工艺文件。

3）参与各类演练预案、开停工方案、设备检维修方案等的编制。

4）完成技术日常管理，参与技术革新工作，提出合理化建议，开展员工技能培训。

4. 设备技术员任职条件和岗位职责

（1）任职条件

具有 3 年以上化工操作或专业技术经验，熟悉化工工艺、设备，具有较强的管理能力，工作认真负责，原则性强。

（2）岗位职责

1）负责设备基础管理。做好本单位设备档案资料、设备运行台账的管理，落实备品备件和设备检维修方案、管理特种配件。

2）负责日常设备管理。检查主要设备运行情况，排查运行机泵故障，进行安全阀校验及设备检测、检修时设备及管道置换，建立备品备件台账。

3）负责制定相关检修方案，负责车间内生产设备的定期维护保养，编写设备的安全操作规程，并参与组织生产人员技术培训。

三、“一长三员”的岗位轮换及晋升方向（见表 1－1）

表 1－1　“一长三员”的岗位轮换及晋升方向

岗位名称	轮岗岗位	晋升方向
班长	车间工艺技术员、车间安全员、设备技术员	生产调度、车间主任
车间安全员	环保管理岗位、班长、车间工艺技术员、设备技术员	生产调度、部长、车间主任
车间工艺技术员	班长、车间安全员、设备技术员	生产调度、车间主任
设备技术员	车间工艺技术员、班长、车间安全员	生产调度、车间主任

四、“一长六员”制度

某些企业车间为进一步加强班组管理工作，根据岗位要求特设立“一长六员”。“一长”是工会小组长，“六员”包括安全员、考勤员、质量员、核算员、宣传员、保管员。

任务实施

某公司合成氨车间属于基层生产单位，主要负责合成氨的生产，实行四班三运转。该车间合成生产能力为 16 万吨/年，共有员工若干，设车间主任兼党支部书记 1 人、工艺副主任 1 人、设备副主任 1 人、设备技术员 1 人、车间工艺技术员 1 人、车间安全员 1 人。其中，工艺副主任分管甲、乙、丙、丁 4 个化工生产班组，每个生产班组有班长 1 人、副班长 2

人，每班有直接转化岗位、压缩岗位、脱碳岗位、合成塔岗位及辅助岗位，各岗位有1名主操、2名副操、2名巡检；设备副主任分管车间设备管理和检修班，由若干检修员组成。

1. 请根据上述文字描述，以树状图的形式，画出该合成氨车间的组织结构，并细化到班组。

2. 参考合成氨车间的人员和岗位构成，请以班级为单位，模拟组建车间管理团队和生产班组，并以竞聘演讲的方式选出车间主任、班长、三大员。

任务测评

序号	考核内容	考核标准	配分	得分
1	车间的组织结构	按直线－职能型正确绘制树状图，写错一个扣5分	30	
2	班组的组织结构	按直线型正确绘制树状图，写错一个扣5分	30	
3	确定自己的岗位	能够确定自己的岗位，一人一岗，有明确的岗位标识，错一个扣5分	20	
4	竞聘演讲	参与竞聘演讲	10	
		竞聘成功	10	
总分			100	

知识拓展

生产调度

调度室（中心）是企业日常生产的指挥中心（见图1－3），生产调度作为“八小时厂长”在企业生产中起着举足轻重的作用。生产调度工作必须以生产计划和进度计划为依据，指挥各岗位操作人员完成各项生产操作、工艺指标控制，处置突发事故，负责做好与有关单位的协调联络工作。对生产中可能或将发生的问题，提前采取措施，防患于未然；对生产中已经出现的问题，能够及时、果断、准确地加以解决。生产调度必须具有较高的业务技术能力，对全厂的工艺流程了然于胸，熟悉安全规程、设备情况，能果断有效地处置各种突发事故。

图1－3　调度中心

生产调度是整个企业生产的重要组成部分，能够根据企业经营的实际情况对当前企业生产力及生产方向进行调整，对企业生产过程中所有的生产环节进行科学调配以及部署。调度指挥系统对化工企业自身发展有很大的推动作用，有利于化工企业的安全生产与正常运行，因此生产调度管理对于化工企业十分重要。

课后作业

一、填空题

1. ＿＿＿＿＿是企业的“细胞”，是企业最基层的组织和作业单位。
2. 化工企业三大员一般指＿＿＿＿＿、＿＿＿＿＿、＿＿＿＿＿。
3. ＿＿＿＿＿称为“八小时厂长”。
4. 车间的组织结构一般是＿＿＿＿＿，班组的组织结构一般是＿＿＿＿＿。

二、单选题

1. 下列岗位不属于车间职能部门的是（　　）。

A. 调度　　B. 车间工艺技术员　　C. 车间安全员　　D. 设备技术员

2. 在班组管理中，班组长要（　　）。

A. 懂管理和懂技术

B. 进行过程抽检和巡检工作

C. 管理设备

D. 负责员工的生活和纪律

3. 以下属于车间安全员岗位职责的是（　　）。

A. 检查生产状态　　B. 编制安全管理计划

C. 设备基础管理　　D. 制订生产计划

三、判断题

1. 班组属于企业结构中的最基层组织，结构最小，不能再分。（　　）
2. 班长要贯彻执行企业、车间、工段对安全生产的规定和要求，全面负责本班组的安全生产。（　　）
3. 班组的人员一般是一个岗位干一辈子。（　　）
4. 班组按生产班次可分为白班班组、中班班组和夜班班组。（　　）

四、简答题

1. 班组在企业的组织构架中具有什么样的特点？

2. 为什么说班组情况的好坏直接关系到企业管理水平的高低和经济效益的好坏?

3. 化工企业的“一长三员”分别是什么? 各自的岗位职责是什么?

任务二　认识班组管理

学习目标

知识要求

1. 掌握　班长在班组管理中的作用。
2. 熟悉　班长每日工作流程。
3. 了解　班组内各岗位之间的工作联系。

能力要求

1. 能模拟班长的工作流程，完成一天的工作。
2. 能模拟 2 个以上岗位的工作。
3. 具有标准化作业责任意识。

任务引入

15 位跟岗实习的学生已经在不同的岗位实习 3 周了，今天，车间主任到各班检查，了解实习生们班组管理的执行情况。

请你和车间主任一起检查班组的管理工作吧。

任务分析

班组管理是企业管理的基础。“上面千条线，下面一根针”，企业所有的生产管理最后都要落实到班组。班长是班组管理的直接领导者，在班组的生产中起着重要的作用，尤其对班组的新员工管理，班长更要细心与耐心。

相关知识

在班组管理中，班长是本班组安全第一责任人。班长每天要落实班组生产任务，协调和组织本班各岗位人员严格按照工作标准、工作程序按时、按量、安全地完成各项生产计划指标，使班组生产均衡有效。

一、班长每日工作流程

班长一天的工作程序、任务及要求见表 1－2。这是班长一天的作业流程，按照流程步骤进行工作，可以稳步提高班组的管理水平。

表1-2　　　　　　　　　　　　　　　班长每日工作流程

工作程序	班前会	现场交接班	生产操作	发现问题	汇报问题及生产情况	处理问题	生产平衡	班后会
任务及要求	交班班长交代生产设备动态及存在问题，接班班长对工作作出安排	交接双方按“十交”“十不接”内容交接，班长协调解决存在的问题，交接双方签字	组织本班人员按照岗位分工及职责要求做好当班的生产工作	通过巡检，及时发现生产设备、工艺、安全、环保问题，存在的隐患，并及时处理	及时向车间主管领导及生产调度汇报问题	按照调度指令和领导安排及时处理问题，并做好记录	根据调度指令、领导安排和生产情况及时调整工艺参数，平衡生产	总结当班情况，对下次当班提出要求

二、控制室岗位每日工作流程

控制室有主操岗位和副操岗位，又称内操岗位，其工作是对控制室所有指标进行全面控制。控制室每日的工作程序、任务及要求见表1-3。

表1-3　　　　　　　　　　　　　　控制室岗位的每日工作流程

工作程序	班前会	现场交接班	生产操作	发现并汇报问题	处理问题	班后会
任务及要求	明确当班班组的生产任务	了解交班班组生产情况，查阅报表，按照“十交”“十不接”的内容进行交接，交接双方签字	按照操作规程执行作业	监控各项工艺指标的运行情况，判断系统出现的问题，及时向班长报告	按照班长指令处理系统问题，并做好记录	总结当天工作

三、现场巡检岗位每日工作流程

现场巡检岗位又称外操岗位。现场巡检人员执行作业指导书对岗位巡查的要求，检查现场设备、管道、阀门有无“跑、冒、滴、漏”，检查各运转设备运行指标是否正常，仪表显示是否正常，各测量点压力、温度、流量等指示是否正常；按控制室指令在现场进行工艺指标的调节、优化；对运转机组进行运转设备开、停、倒、并（“开”即运转设备开车；“停”即运转设备停车；“倒”即倒车，倒备用运转设备；“并”即增加一台运行的运转设备）；对界区内的设备、管道、阀门及其附件进行维护及保养，润滑各机泵。现场巡检人员每天必须精细操作、认真记录、按时巡检。现场巡检岗位每日的工作程序、任务及要求见表1-4。

表1-4　　　　　　　　　　　　　　现场巡检岗位每日工作流程

工作程序	班前会前	班前会	现场交接班	巡检	发现处理问题	EHS（环境、健康、安全）	班后会
任务及要求	现场预检	明确当班的生产任务	了解交班班组巡检情况，查阅记录表，按照“十交”“十不接”的内容进行交接，交接双方签字	根据岗位作业指导书对设备、管道进行巡检，执行控制室的指令，确保工艺参数在正常范围	分析判断巡检过程中的异常情况，发现异常及紧急事故及时汇报，按照班长指令进行处理	保持设备和生产场地整洁卫生，并做好记录	总结当天工作

任务实施

结合任务一中模拟组建的合成氨车间管理团队和生产班组，假如你是班长，请你运用班组管理的相关知识，向车间主任汇报实习生管理情况。

任务测评

序号	考核内容	考核标准	配分	得分
1	实习生岗位描述	描述实习生在班组中的岗位（2个以上）	10	
2	岗位职责描述	完整描述实习生岗位职责履行情况	20	
3	工作任务描述	结合岗位工作程序，完整描述工作任务执行情况	40	
4	班组管理	较好地体现班长在班组管理中的作用，客观地对实习生的工作做出评价	30	
总分			100	

知识拓展

白国周班组管理法

白国周曾是平煤集团七矿的一名普通矿工，2010年获“全国劳动模范”称号，现任七矿开拓四队党支部书记。他本是一名普通而又平凡的煤矿工人，但就是这样一个普通人，在平凡的岗位上创造了不平凡的业绩，成为煤矿工人安全生产的一面旗帜。他创造出了一套非常实用的班组管理方法——“白国周班组管理法”，核心内容可以总结为“六个三”，即三勤、三细、三到位、三不少、三必谈、三提高。他不但在实践中总结班组安全管理的方法，还把这些方法运用到实践中，边总结、边改进、边完善。他带领的班组创造了煤矿开采22年没有出现任何安全事故的奇迹。

“白国周班组管理法”突出了安全第一的理念，注重生产过程的质量控制和细节把关，以人性化管理和亲情化的感召团结工友，共同形成安全生产的整体合力。

课后作业

一、填空题

1. __________是班组管理的直接领导者，在班组的生产中起着重要作用。

2. 控制室有__________岗位和__________岗位，对控制室所有指标进行全面控制。

3. 现场巡检人员每天必须精细操作、认真记录、__________。

4. 现场巡检人员应在班前会前进行__________。

二、单选题

1. 班组成员应将标准化操作形成（　　）。

A. 意识　　B. 习惯　　C. 观念　　D. 标准

2. 班长要经常性开展班组教育，一般的教育方法是班前布置、（　　）、班后总结。

A. 班中执行　　B. 班中检查　　C. 班中监督　　D. 班中记录

三、简答题

1. 你觉得在班组管理中哪个岗位最重要？在每日的工作中，不同的班组之间、同一个班组不同岗位之间，应如何加强工作的沟通和联系，更好地完成生产任务？

2. 假设你是班长，请以班组为单位，结合各岗位一天的工作内容，组织一次岗前培训，并提交一份培训 PPT。

模块二

交接班管理

化工企业连续性生产，通常需要两个或多个班次的员工交替作业。交接班是生产中作业人员相互衔接、协调的过程，是一个班次的结束、另一个班次的开始，是保障生产连续正常进行的重要环节。每一个班次的工人在开始生产前，应了解上一班次的安全情况、生产情况、设备运行情况、能源情况及有无遗留问题，重点是要了解是否存在异常情况或问题，这个了解的过程就是通过交接班来完成的。

交接班需要进行班间交接，召开班前会和班后会，并建立交接班和班后会记录。交接班是推进化工企业顺利完成生产任务，提高企业安全管理水平，促进企业班组成员相互学习、交流，规范生产岗位连班作业的一项基本要求。

任务一　班前会召开

学习目标

知识要求

1. 掌握　班前会的工作程序。
2. 熟悉　班前会的内容。
3. 了解　班前会的重要性。

能力要求

1. 能按班前会的工作程序和要求召开班前会（交接班会）。
2. 能准确完成班前会的记录。
3. 具有团结协作、沟通交流的能力。

任务引入

15 名 2023 级化工工艺专业高级工班学生已进入合成氨车间工作，被分别分配到早、中、晚三个班组。按照企业交接班管理制度要求，各班组在上岗之前需要召开班前会，请大家根据企业交接班管理制度要求，确定各班组班前会时间，一起完成班前会的工作，并做好会议记录。

任务分析

班前会是指每天上班之前由班长组织召开的工作准备会议，在生产管理的 PDCA 循环中（PDCA 循环的含义是将质量管理分为四个阶段，即计划、执行、检查和处理。在质量管理活动中，PDCA 要求各项工作按照制订计划、计划实施、检查实施效果，然后将成功的经验纳入标准，不成功的留待下一循环去解决），班前会的作用是承上启下。

班前会不仅是企业安全教育的第一课堂，同样也是安全生产的第一道工序。当班班组的安全情况、生产任务以及措施办法要通过班前会落实到当班责任人及员工头上。开好班前会是安全生产的一个关键点，是协调、安排当班安全生产的重要组织保证，同时也能使每位员工对当班的生产任务、设备运行情况有明确了解，并做出相应的风险辨识和安全防护。实习生应深知班前会的重要性，提高安全生产意识，熟知企业交接班管理制度和考勤制度，按照班前会程序，开好班前会。

相关知识

一、班前会 “四规范”

1. 规范班前会时间

班前会控制在半个小时以内。

2. 规范班前会程序

班前会严格按照“班前点名、安排工作、喊口号、集体安全宣誓、列队出发”五项程序进行。

3. 规范班前会内容

将薄弱人物排查纳入班前点名环节，将安全培训纳入安排工作环节之中。

4. 规范班前会考核

建立班前会考评机制，让员工和专业领导当“评判员”，每月组织一次班前会质量评估，落实奖惩制度。

二、班前会 “三观四必讲”

一般来说，化工企业现场管理的主要要素有人员、机器、方法、物料。为确保化工生产安全，班前会中还需要进行“三观四必讲”。

“三观”是指观聚散、观动静、观问答。其中“观聚散”主要观察的是员工集合、列队、解散情况是否迅速、整齐，姿势动作是否统一；“观动静”主要观察的是员工着装是否整洁，精神状态是否饱满，表情是否认真严肃；“观问答”是指班前会结束前观察员工对班前会的内容是否清楚或明白。

“四必讲”是指讲人员、讲标准、讲任务、讲安全。其中“讲人员”是指班长负责做好考勤记录，迟到三分钟者，视为未参加人员；“讲任务”指的是讲清当天员工的工作任务和关键点及注意事项；“讲标准”是指规定每一位员工的操作规程，在同一个生产环境中每一项工艺只能有一个标准的操作规程；“讲安全”是指班长必须说明每个岗位的主要职责和防护要点，明确具体注意事项和处理方法。

三、班前会 “七步法”

一个好的班前会是一天安全生产的重要开端。化工企业应该将班前会流程形成制度与企业文化，让班前会成为安全教育的主阵地，让安全教育入耳、入脑、入心。一个标准的班前会一般包括以下七个步骤。

1. 班前会第一步

列队点名问好。班长点名时，班组成员应声音洪亮地答“到”，班长通过答“到”声音判断班组成员精神面貌，及时发现员工的不安全状态。

2. 班前会第二步

全体起立进行安全宣誓。这一步对提高班组成员士气、增强安全意识具有重要意义。安全誓言示例：“为了生命的安全，为了家庭的幸福，为了企业的发展，我要时刻注意安全，认真遵守安全操作规程，严格执行工艺纪律，坚持做到不伤害自己、不伤害他人、不被他人所伤害、监督他人不伤害别人。”

3. 班前会第三步

朗诵或背诵安全操作规程。各班组每天利用班前会前 5 分钟安排一名员工进行安全操作规程朗诵或背诵，员工轮流循环，班组应做好记录。朗诵或背诵安全操作规程可以让员工从自身角度对安全加以重视，从意识上牢固树立“安全第一，质量为上，以人为本”的理念，熟练掌握安全知识和技能，有效地避免安全事故的发生，真正做到安全生产、文明生产。

4. 班前会第四步

宣读一篇班组管理制度。班组根据生产实际制定相应的制度，只有通过制度进行的管理才是真正的管理。每天每班由班长组织学习一篇班组管理制度，如班组安全生产责任制度、班组安全生产确认制度、班组安全生产联保互保制度、班组安全生产检查制度、班组安全生产培训教育制度、班组安全生产会议制度、班组安全生产交接班制度、班组安全生产奖惩制度等，让制度从墙上走下来，使员工能够真正理解、落实相关制度。

5. 班前会第五步

学习一起事故案例。学习事故案例可以使员工深刻吸取事故教训，严防类似悲剧重演，促使员工在各自的岗位上规范操作，进一步强化安全生产红线意识、危机意识和责任意识，实现由“要我安全”向“我要安全”“我会安全”转变。

6. 班前会第六步

布置当班生产任务、安全注意事项及防范措施，做好安全教育记录。班长要做到在计划、布置、检查、总结、评比生产的同时做好安全管理工作。

7. 班前会第七步

劳动防护用品穿戴检查。个体防护是安全防护的最后一道防线，因此班长应逐一对班组成员进行劳动防护用品检查，这样既可以体现班长对班组成员的关怀，也可以体现班长对安全管理工作的重视。

四、班前会 “三讲落实”

“三讲一落实”（见图2－1）是指班组在组织生产工作过程中，在讲工作任务的同时，还要讲作业过程的安全风险、讲安全风险的控制措施，抓好安全风险控制措施的落实，即“讲任务、讲风险、讲措施，抓落实”。“三讲一落实”是对班前会“三观四必讲”的进一步落实，有效推动了化工企业现场管理的标准化。

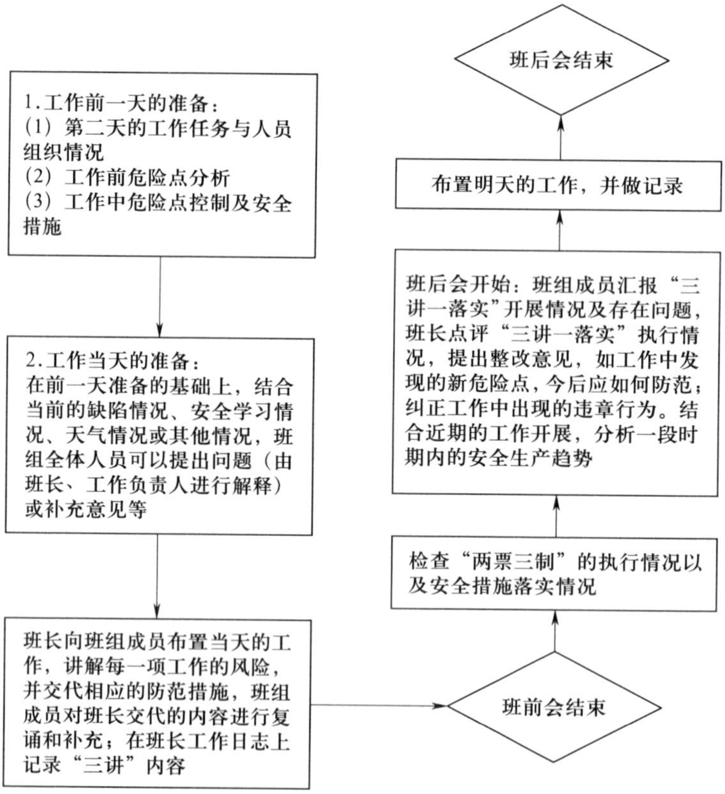

图2－1 班前会、班后会“三讲一落实”流程图

“三讲一落实”班组安全流程的管理是以有效控制现场作业安全风险为目的，以员工熟练掌握最基本的岗位责任制、应知应会各项规程内容为基础，以班组为基本单元，以作业项

目为基本对象，以标准流程化管理为手段，以电子班务或班长日志为平台，以挂图为表现形式的安全管理方法，具有方法简单、可操作性强、对班组具有较强适用性的特点。

班组交班流程是从规划、管理、执行三个方面对交班班长和接班班长的工作内容进行规范的，班前会召开流程标准顺序为：准备→集合→总结 & 计划→激励上岗。具体实施情况可参照如下内容。

1. 工作前一天的准备

班长要在当日下班前将班组第二天的工作进行提前准备，准备内容包括：

（1）第二天的工作任务与人员组织情况

班长应对第二天工作任务中的重点、难点、危险点了如指掌，做到心中有数。结合第二天的工作任务，班长根据“人员足够、素质适应、配合默契、方案可行”的要求，精心组织人员，进行合理分工。

（2）工作前危险点分析

危险点是指作业过程中可能发生事故的地点、部位、场所、工具或行为等。班长在作业前应仔细预想在工作中可能会发生哪种伤害、哪类事故，如触电、起重伤害、坠落、火灾、爆炸、中毒窒息等。

（3）工作中危险点控制及安全措施

班长通过对危险点的分析，分别列出相应的安全措施对危险点进行控制，防患于未然，每项措施都要求尽量使用简捷、明了、便于记忆的短句。

危险点控制措施主要包括技术措施、管理措施、个人措施。

1）技术措施。预防事故设施（事前）：隔离装置（围板、栅栏、护罩）、静电接地装置、通风设施、警告标志、安全闭锁装置等；控制事故设施（事中）：紧急停止装置、紧急备用电源等；减少与消除事故影响设施（事后）：紧急个体处置设施、应急照明、灭火设施等。

2）治理事故隐患的管理措施。工作负责人、安监人员强化现场监视；坚持安全呼应确认制，如“操作前确认”“开工前确认”等制度；开展“四不伤害”活动，即不伤害自己、不伤害他人、不被他人伤害、保护他人不受伤害的措施。

3）个人措施。操作者作业前进行自我安全检查，即每一位操作者，在进入现场工作前，首先应进行自我安全提问、自我安全思考、自我责任思考。

自我安全思考之一：作业过程中，“物”会不会发生危险，如会不会发生移动、回转、弹起、坠落、滑落、折断、倾斜、滑坡、燃烧、爆炸、泄漏等。

自我安全思考之二：作业过程中，自己或他人会不会受到伤害，如会不会发生烫伤、溺水、坠落、跌倒、触电、压伤、烧伤、窒息、中毒等。

自我安全思考之三：万一发生危险应该怎样做？

2. 工作当天的准备

在前一天准备的基础上，结合当前的缺陷情况、安全学习情况、天气情况或其他情况，班组全体人员可以提出问题（由班长、工作负责人进行解释）或补充意见等。另外，班长还需要在“安排当日工作计划/指标”环节对本班计划的品种、数量、质量、效率指标进行传达和提示。

（1）缺陷情况

工作中有些缺陷情况是突发的、无法预知的，新产生的工作任务会带来新的危险点，班组应依据上述过程对新的危险点加以控制。运行岗位着重分析缺陷可能会造成什么后果、是否会造成设备掉闸、该缺陷波及的程度及范围，并依次制定控制措施、事故预想。例如，确认接班的现场状态时，如果你发现地上有散落的零件，则需要记录在“工作记录表”的“上班次生产异常信息”栏中。

（2）安全学习情况

班组在班前会上应认真学习安全生产材料、上级下发的文件、相关行业的事故通报，并反思事故通报中所暴露出的问题是否与本班组有关、是否与当前进行的工作有关，并提出针对性措施。目前很多企业每周都会进行“生命至上、警钟长鸣”安全文化系列主题教育，其中包含了很多人身、设备事故案例，各班组要结合自身工作有针对性地学习，并落实到工作中去。

1）本企业发生过的事故。通过分析本班组的安全现状，检查判断本班组是否存在发生事故的可能性，找出尚未觉察到的危险和隐患。

2）本班组发生过的事故或未遂事故。发生过事故或未遂事故的班组，应检查目前班组内是否仍然存在潜在的危险因素，检查反事故措施是否已落实。

3）习惯性违章行为。班长应将每位成员的习惯性违章行为逐一列出，与相关安全工作规程进行对照，提出具体的整改措施。即使某些习惯性违章行为目前尚未导致事故，但却可能是未来事故的巨大隐患。

（3）天气情况

不同的天气情况有不同的危险因素，如春、秋季干燥，应注意动火作业防火等；夏季炎热，设备易超温运行，应确保设备冷却水畅通等；冬季寒冷，应注意防寒防冻、关闭门窗，保证冷却水不冻、管道保温完整等；大风天气应注意防范棚顶掀起、高空坠物伤人等；雾霾天气注意防污闪等；暴雨天气应检查设备防雨情况，避免接线、设备短路，网络、升压站工作与高压线保持安全距离等。

（4）其他情况

除上述几种情况外，班长还应考虑：

1）当日使用工具的情况，包括起重机具、劳动防护用品等。

2）当日实际人力组织情况：若工作现场有学校毕业生、转岗职工、新职工、协议工、实习生、技术服务人员等，对这几类人员应做好教育培训、重点监护等；若工作现场有病号，现场负责人应及时评估其是否适宜现场作业并加强监护；若工作现场出现活多人少的现象，现场员工应注意疲劳、适当休息等；若在节假日加班，注意检查员工是否酒后工作，并要照顾员工的不满情绪等。在实际工作过程中，班长可以通过“上班看脸色、吃饭看胃口、干活看劲头、休息看情绪”及时发现班组成员的心理、体力变化，尽早发现问题，并采取措施加以解决。

3）现场实际作业环境：可能危及人身安全的工作条件，如高温作业、高处作业、室外作业，或在升压站、容器、脱硫塔等内工作。

任务实施

15 名 2023 级化工工艺专业高级工班学生，被分别分配到合成氨车间早、中、晚三个班组。当前早班人员已全部到岗，班长召集所有当班人员，准备召开班前会，班长需要在班前会上交代各项工作任务及安全注意事项，并要求副班长做好会议记录。

1. 请你列举出在班前会召开之前，个人需要做好哪些基本工作?

2. 请你给所在班组策划出一个响亮的班组口号，并说明其含义。

3. 假如你是班长，请将你在班前会上准备给班组成员交代的内容整理出一份发言稿，时间控制在 10 分钟左右。

4. 假如你是副班长，请你完成本班组班前会的会议记录，填写到表 2－1 中。

表 2－1　　班前会记录表

<table>
<tr><td>工段/岗位名称</td><td></td><td>日期</td><td></td><td>班次</td><td></td></tr>
<tr><td>应出席人数</td><td colspan="2"></td><td colspan="2">实际出席人数</td><td></td></tr>
<tr><td>参会人员</td><td colspan="5"></td></tr>
<tr><td>会议内容</td><td colspan="5"></td></tr>
</table>

任务测评

序号	考核内容	考核标准	配分	得分
1	班前会准备	按照交接班管理制度做好准备	15	
2	班前会召开	班前会程序规范	40	
3	班组口号	口号整齐、声音洪亮、感染力强	15	
4	会议记录	班前会记录规范、详细、准确	20	
5	时间控制	班前会时间控制合理	10	
总分			100	

知识拓展

某厂薄片车间设置班组“6S”大脚印

某厂薄片车间的班组每天上班前十分钟，班长都要召集本班全体人员在规范好的区域内召开例行班会（见图 2－2）。在班会中，班长会依据班组成员在工作中的不同表现，让他们分别站在不同颜色的“6S”大脚印上。“6S”大脚印分为红色和黄色两种颜色，达到“6S”

标准（整理、整顿、清扫、清洁、素养、安全）的员工站在红色脚印上，没有达到“6S”标准的员工站在黄色脚印上。该班组设立“6S”大脚印的目的是激励表现好的员工、警示工作出现问题的员工，这种方法在班组的实际管理中取得了不错的成效。

图 2－2 “6S”大脚印

课后作业

一、单选题

1. 班前会是指每天上班之前由班长组织召开的（　　）会议。

A. 工作梳理　　B. 工作布置　　C. 工作准备　　D. 工作督导

2. 班前会标准的召开流程是（　　）。

A. 集合→准备→总结 & 计划→激励上岗

B. 准备→集合→总结 & 计划→激励上岗

C. 总结 & 计划→激励上岗→准备→集合

D. 集合→准备→激励上岗→总结 & 计划

3. 交接班确认现场状态时，如果你发现地上有散落的零件，这需要记录在“工作准备表”的（　　）栏中。

A. 上班次生产异常信息　　B. 昨天本班生产异常信息

C. 批次/产量指标反馈备注　　D. 质量指标反馈备注

4. 下列选项中属于班前会准备工作中的内容的是（　　）。

A. 获取信息　　B. 整队问好

C. 员工分享　　D. 鼓足干劲

5. 小王接到公司通知，国庆放假前一天员工需完成设备清扫并检查合格后方可离开，小王应该在班前会的（　　）流程下达通知内容。

A. 集合　B. 激励上岗　C. 准备　D. 总结 & 计划

6. 公司/车间有重要通知时，需要借助班前会准确、及时地传递信息，当所有的信息都传达完毕后，需要通过（　　）环节来确认员工是否清楚当班的计划、相关指标。

A. 安排当日工作计划　B. 传达、公司车间重要通知

C. 提示关键控制点　D. 提问/反馈

7. 班前会结束时，以（　　）作为结束语，能有效提高员工士气。

A. 散会　B. 结束　C. 下课　D. 列队上岗

8. 在生产管理的 PDCA 循环中，交接班的作用是（　　）。

A. 交接　B. 异常反馈　C. 承上启下　D. 交接计划

9. 交班前交班班长需要（　　）。

A. 交接数据统计　B. 员工面谈

C. 工作指导　D. 准备作业标准

10. 交班流程是从（　　）三个方面对交班班长和接班班长的工作内容进行规范的。

A. 规划、管理、控制　B. 规划、管理、执行

C. 规划、整理、控制　D. 规划、整理、执行

二、多选题

1. 班前会准备阶段最重要的工作是“获取信息”“记录要点”，获取的信息有（　　）。

A. 昨日生产数据　B. 及时记录上一班次异常信息

C. 当班生产计划　D. 公司/车间通知

2. 召开班前会，是为了在上岗之前提升员工的士气、增强团队的凝聚力，对于现场管理来讲，它的作用有（　　）。

A. 有利于工作的布置　B. 有利于任务的达成

C. 有利于重要通知的传达　D. 促进经验交流和分享

3. 总结完昨日工作状况后，需要进行“安排当日工作计划/指标”，此环节需要对本班计划的（　　）进行传达和提示。

A. 品种　B. 数量　C. 质量　D. 效率指标

4. 班前会召开中“四必讲”的内容是（　　）。

A. 讲人员　B. 讲标准　C. 讲任务　D. 讲安全

5. 在班前会集合过程中应进行（　　）。

A. 列队问好　B. 点到/报数

C. 表扬优秀员工　D. 记录考勤

6. 对于班前会中的工作总结，应主要针对（　　）进行总结。

A. 品质状况　B. 昨日任务达成情况

C. 昨日安全情况　D. 作业标准

7. 班前会在安全讲解中应重点讲解（　　）。

A. 岗位安全防护要点　　B. 岗位安全重点注意事项

C. 安全隐患的提醒　　D. 处理方法

8. 以下关于班前会的原则正确的是（　　）。

A. 让员工感动、激动、心动　　B. 主持者保持愉悦的心情

C. 指出昨天需要改进的地方　　D. 赞美员工昨天的工作成绩

9. 班前会中的“三观四必讲”中的“三观”是指（　　）。

A. 观聚散　　B. 观动静　　C. 观问答　　D. 观情感

10. 以下关于要召开班前会的原因正确的是（　　）。

A. 避免信息传递不到位　　B. 减少员工我行我素

C. 避免同一错误重复发生　　D. 避免员工不理解主管的意图

11. 以下关于班前会定义正确的是（　　）。

A. 由班长主持　　B. 以班组为单位

C. 在工作开始之前召开　　D. 在指定的地点召开

12. 以下关于班前会作用正确的是（　　）。

A. 提升部门凝聚力

B. 提高工作布置的效率

C. 使员工养成遵守标准的习惯

D. 作为一个好的教育平台使员工了解现场实际情况

13. 以下关于班前会开展的认识错误的是（　　）。

A. 听那么多无关的事情，浪费时间

B. 开早会的时间我可以多做好几个产品

C. 班前会可以统一员工的思想

D. 没必要开早会

14. 班前会评价的目的是（　　）。

A. 让各主持者能做到班前会的主持召开

B. 让主持者有一个共同的判定标准

C. 让员工知悉这是一件正规的事情，应认真对待，形成好的素养

D. 让班集体荣誉感增强

15. 现场管理的主要因素包括（　　）。

A. 人员　　B. 机器　　C. 方法　　D. 物料

三、判断题

1. 一个有效的班前会有利于现场管理者树立威信、培养目标观念及锻炼沟通表达能力。（　　）

2. 记录考勤属于班前会准备阶段的内容。（　　）

3. 班前会召开过程中主持者应多一些赞美，少一些批评。（　　）

4. 观聚散主要观的是员工集合、列队、解散情况是否迅速、整齐，姿势动作是否统一。（　　）

5. 观动静主要观察的是员工着装是否整洁，精神状态是否饱满，表情是否严肃认真。（　　）

6. 观问答是指班前会结束前观察员工对班前会内容是否清楚或明白。（　　）

7. 讲人员主要讲的人员的出勤情况。（　　）

8. 讲任务主要讲清今天的生产任务安排等。（　　）

9. 讲标准主要讲的是本班生产操作规程，如5M1E变化点、作业标准的变化、产品要求的变化等。（　　）

10. 班组是企业最基本的单元，五星班组建设的目的是培养人才，提升班组长的能力，发挥全员的智慧参与班组改善。（　　）

四、简答题

1. “班前会不仅是企业安全教育的第一课堂，同样也是安全生产的第一道工序”，你如何理解这句话的含义？

2. 请你简单描述班前会的工作程序，并说明开班前会有哪些注意事项。

3. 你认为开好一个班前会的措施有哪些？

任务二　现场交接班实施

学习目标

知识要求

1. 掌握　现场交接班的工作程序。
2. 熟悉　现场交接班“十交”“十不接”。
3. 了解　现场交接班的要求。

能力要求

1. 能按现场交接班的工作程序和要求组织现场交接班。
2. 能准确完成交接班的记录。
3. 具有团结协作、沟通交流的能力。

任务引入

15名2023级化工工艺专业高级工班学生已进入合成氨车间工作，被分别分配到早、中、晚三个班组。按照企业交接班管理制度要求，各班组在班前会之后进行现场交接班，请大家根据企业交接班管理制度要求，一起完成现场交接班的实施工作，并填好交接班记录表。

任务分析

班组现场交接班是上下两个班次之间的责任交接，是保证生产连续进行的一项重要制度，交接班实质是一次以岗位为主的岗位责任制检查。现场交接要坚持“你不接我不走，对口交接”的原则，交接双方严格按照“十交”“十不接”内容进行交接，遇到“十不接”中不能接班的情况或双方有争议的问题，要逐级反映汇报，并服从领导统一安排。交接班各种记录要做到完好、详细、准确、及时、整洁，接班人员、车间管理人员和值班人员要在交接班日记上及时签字，并协调交接过程中出现的问题。交接班原始记录和交接班日记要按照保存期要求，由专人妥善保管。作为实习生，应深知现场交接班的重要性，掌握现场交接班的工作程序，落实岗检制度，严格执行“十交”“十不接”，服从领导安排，提高安全生产意识，填好交接班记录表。

相关知识

一、交接班具体内容

1. 接班准备

（1）接班人员应该提前30分钟到岗参加班前会，进行签到。提前15分钟按规定穿戴好劳动防护用品，做好上岗准备。需要注意的是：接班人员在上班前4小时内不得饮酒。

（2）考勤后，班长组织员工对装置区进行接班前岗检，岗检须严格按照巡回检查路线及内容进行检查。

（3）两班的交接班工作由值班人员和接班人员全过程负责，值班人员在未办理完交接手续之前，不得擅离职守。遇到需进行现场交接的事项，班长和接班人员要同时确认。

（4）接班人员在完成签到后，由值班长进行工作布置及相关的安全教育。班前会结束后，由值班长对接班人员进行技能培训。

2. 接班人员岗检事项

（1）班长岗检事项

1）检查车间现场的布置情况，发现问题要立即与交班班长协商解决。

2）检查车间的动、静设备以及设施的运转情况。

3）检查负责区的现场卫生及物品摆放情况，发现异常及时协商解决。

4）对上一班次使用的各种工器具、物资的使用情况进行交接，发现问题及时上报。

5）对车间下达的特殊指令进行交接，发现不明之处应立即询问。

6）根据员工的上报情况进行检查，并与交班班长进行交接。

7）先了解上一班次的工艺情况，进行各项生产数据确认并对上一班次遗留的工艺问题进行了解。

（2）外操岗检事项

接班人员在接班前30分钟应进入现场，对所辖设备进行检查，查看运行记录，向交班人员了解设备的运行、检修情况以及系统运行方式，检查安全措施及防火情况。交接班必须巡察全部一、二次设备，检查设备运行情况。

1）检查各种助剂的罐存量、加入量、摆放情况、安全隐患以及周边卫生，发现问题及时上报。

2）检查现场定置物品的摆放及各区卫生状况，发现异常及时纠正。

3）检查各设备运行是否正常，现场是否有“跑、冒、滴、漏”现象。

4）及时提出上一班次不符合接班要求的地方，涉及重大质量问题要及时向班长反映。

5）检查设备参数与工艺条件是否一致，出现异常要及时反映。

6）认真检查岗位记录本、交接班记录表的记录情况，对异常的数据记录要及时了解清楚。

（3）内操岗检事项

1）检查内操室卫生及各种物资摆放情况，出现问题及时与上一班次协商解决。

2）翻查上一班次工艺运行情况记录表，了解后再向交班人员咨询工艺调整注意事项，对涉及产品质量、设备运行、工艺调整等重大问题的，要及时向班长汇报。

3）认真检查岗位记录表、交接班记录表的记录情况，对异常的数据记录要及时了解清楚。

3. 交班准备

（1）根据工作情况，班组合理安排人员进行交接班准备工作。

（2）班长对本班工艺情况和未完成工作情况进行全面了解，并督促员工按有关规定做好交接。

（3）各岗位人员认真填写交接班记录本，记录要全面、准确、简单，记录的内容要避免重复和无意义，班长交班前要检查各岗位的记录情况（包括分析记录本），避免遗漏。

（4）处理事故或进行重大操作时，不得进行交接班。

4. 交接班过程

（1）岗检结束后，交接班人员穿戴好劳动防护用品后到指定地点进行交接。

（2）交接班人员按岗位依次排列，面向讲话人立正站位。

（3）交接时由填写交接班记录本的人口述交接事项，同岗位人员可以进行必要的补充。若接班人员要咨询问题，需待交班人员口述完毕才能进行。

（4）本岗位交接完毕或无交接任务的员工，同样要立正排队，禁止随意走动，直到整个班组交接完毕。

（5）交接内容清楚后，双方在记录本上签名，完成交接班。

二、交接班“十交”“十不接”

1. 交接班“十交”

（1）交生产进度、产量完成情况：交本班生产、工艺指标、产品质量、产量入库和任务完成情况。

（2）交设备运行情况：当班期间设备开、停时间，停机原因。若遇设备故障，则必须说明故障发生时间、原因、处理情况、遗留问题以及其他注意事项。交接中对重要的岗位、关键的设备及有关安全附件、操作控制仪表运行使用及维护保养情况等要逐一交代，不可疏忽。

（3）交安全情况：交当班安全（包括人身安全）、环保、事故情况。不安全因素（不正常情况）排查情况及已采取的预防措施和事故（包括事故隐患）处理情况。

（4）交公用工具情况：认真清点工器具和各种消防、防护器材，做到数量齐全、清洁完好。对于工具质量缺损或遗失情况要详细说明原因。

（5）交工艺指标过程控制情况：认真交接重要的数据、重要的工艺指标执行控制经验和注意事项、为下一班次所做的准备工作。

（6）交台账记录：检查原始记录是否正确、清楚、完整。

（7）交生产线上存放的原、辅材料：检查生产线上存放的原、辅材料是否与生产任务单要求使用的材料相符以及原、辅材料的质量。

（8）交公司文件、通知、通报、指令等有关内容。

（9）交卫生情况：交岗位责任区域环境卫生和设备卫生整洁情况。

（10）交设备、管道情况：检查有无“跑、冒、滴、漏”情况。

2. 交接班“十不接”

（1）生产情况异常或事故隐患不明、事故未处理完不交接。

（2）设备维护不好或设备情况不明不交接。

（3）岗位责任区内清洁卫生未清扫的不交接。

（4）原始记录不全、不齐、不准、不清楚不交接。

（5）交班人员马虎、不严格，指标任务未完成且原因不清的不交接。

（6）遇事故正在处理或正在进行重要操作的，不交接。交接班时发生事故或其他重大事项，应待事故处理完毕、设备运转正常后才能交接（但可以在事故告一段落时，经领导批准，进行交接）。

（7）接班人员酒后上班或精神状态严重不佳的，不交接。

（8）接班人员未到岗的，不交接。

（9）工具不齐全、未清理、未点清不交接：工具损坏或遗失要详细说明原因，分清责任，并按有关规定办理赔偿手续。

（10）交接班人员不签字的，不交接。

任务实施

15 名 2023 级化工工艺专业高级工班学生，被分别分配到合成氨车间早、中、晚三个班组。当前早（中、晚）班人员已到岗，在对各自岗位岗检后，准备进行现场交接班，并做好交接班记录表的填写。

1. 假如你是合成氨合成工段外操人员，请指出在现场交接班前需要对哪些重要环节进行岗检？

2. 在完成现场交接班后，需要填写现场交接班记录，请填写到表 2－2 和表 2－3 中。

表 2－2　　操作工交接班记录表

<table>
<tr><td>工段/岗位名称</td><td colspan="2"></td><td>日期</td><td></td><td>班次</td><td></td></tr>
<tr><td rowspan="3">操作记录</td><td>设备及工艺情况</td><td colspan="5"></td></tr>
<tr><td>安全管理情况</td><td colspan="5"></td></tr>
<tr><td>现场卫生及工具摆放情况</td><td colspan="5"></td></tr>
<tr><td rowspan="2">交班内容</td><td>设备状况（“跑、冒、滴、漏”等）和注意事项</td><td colspan="5"></td></tr>
<tr><td>领导指示、工艺参数调整等</td><td colspan="5"></td></tr>
<tr><td>交班人员</td><td colspan="3"></td><td>接班人员</td><td colspan="2"></td></tr>
</table>

表 2－3　　班长交接班记录表

<table>
<tr><td>工段/岗位名称</td><td colspan="2"></td><td>日期</td><td></td><td>班次</td><td></td></tr>
<tr><td rowspan="3">本班记事</td><td>各岗位设备及工艺操作调整情况</td><td colspan="5"></td></tr>
<tr><td>安全卫生管理情况</td><td colspan="5"></td></tr>
<tr><td>产品质量</td><td colspan="5"></td></tr>
<tr><td rowspan="2">交班内容</td><td>设备状况（“跑、冒、滴、漏”等）和注意事项</td><td colspan="5"></td></tr>
<tr><td>会议精神、领导指示</td><td colspan="5"></td></tr>
<tr><td>交班班长</td><td colspan="3"></td><td>接班班长</td><td colspan="2"></td></tr>
</table>

任务测评

序号	考核内容	考核标准	配分	得分
1	现场交接班准备（岗检）	符合交接班岗检要求	20	
2	现场交接班实施	现场交接班程序规范	50	
3	交接班记录表	记录要求全面、准确、无遗漏	20	
4	沟通交流	现场交接班沟通交流畅通、遵守职业道德	10	
		总分	100	

知识拓展

交接班注意事项

1. 对口交接

交接班员工应坚持原则，发扬团结协作的风格。交接班均需本人进行交接，不得委托他人。接班人员与交班人员到齐后，由交班班长和接班班长、各岗位交班组员与接班组员相互对口交接。

2. 交接事项

用记录和口述方式，真实详细地向接班人员交清当班安全情况、现场卫生情况、生产和设备运行状况、操作体会、注意事项，发现的问题或隐患、主管指示等，如当班有事故或异常情况发生过，交班人员必须在现场讲解事故或异常情况发生原因、发生经过、事故损失情况、事故的处理情况和经验教训等内容。交班人员应如实向接班人员反映生产状况，接班人员应认真、仔细检查生产各方面是否正常，做到交接清楚。

3. “五清”和“四交接”

交接班时应谨慎细致，做到“五清”和“四交接”。

（1）“五清”，即看清、讲清、问清、查清、点清。

（2）“四交接”，即现场交接、实物交接、站队交接和工作交接。

1）现场交接：指现场设备（包括二次设备）操作方式发生变更或检修，现场的安全措施（特别是接地线），设备存在的缺陷，工艺参数进行调整、变更和定值更改，信号装置情况等，都要在现场交接清楚。

2）实物交接：具体物件，如文件通知、公用工具、仪器仪表等物件要交接实物，不能只进行账面交接。

3）站队交接：交接班双方均应在后台监控机前站队立正，面对面进行交接。

4）工作交接：交班人员将其日常工作、操作的设备、工作票许可及工作终结手续等交给接班人员。

4. 接班未明事项

在交接过程中，接班人员对现场卫生、台账记录、生产操作方法、事故的原因、安全生产情况、生产质量、设备运行情况等相关的内容提出异议，交班人员应一一解答，对没达到交班条件的项目及时整改；因特殊情况整改后仍达不到交班条件，应向上级汇报，协商解决。问题未解决前，交班班长和岗位所在人员不得离开岗位，继续处理遗留问题，接班人员先接受本岗位争议工作外的其他工作，并有义务配合、协助交班人员共同处理遗留问题。

5. 接班离岗

（1）在接班人员未正式接班前，交班人员不得离岗，在接班人员检查完毕正式签字接班后，交班人员方可离开岗位，此后发生的情况由接班人员负责。

（2）如有故障未处理完毕，交班人员需得到接班人员同意方可离岗，如有疑问应立即向接班班长汇报。

（3）若在规定交班时间内接班人员未能按时到岗接班，交班人员不得离开岗位，若产生不良后果应由接班人员负责。若接班人员一直未到岗接班，交班班长可向上级请示进行交接班，但接班岗位的人员安排由双方班长协商解决。一般情况由交班人员继续顶岗，直到接班人员到岗。情况特殊时，可由主管领导指定接班班长临时顶岗。

6. 交接班责任追究

（1）交接班前发生或发现的问题应由交班人员负责，交接班后发生和发现的问题应由接班人员负责。

（2）交接班的内容一律以交接班记录为准，如果因交班人员交代的内容有遗漏（指接班人员不易发现的问题）而产生事故，由交班人员负责；凡未认真查看、理解交接班记录，或对自己不清楚的事项又不及时询问的，由接班人员负责；交接班双方都没有进行交接工作的，双方都应负责。

（3）若交班人员交接的工作不符合规定，接班人员可拒绝签名，同时汇报班长，问题解决后，交班人员才可下班，接班人员应迅速将生产恢复正常。

（4）接班人员在交接班前检查过程中马虎了事，未发现交班人员的记录与现场不符，且已经签字同意接班的，除有明显证据证明为上班责任外，原则上所有责任由接班人员承担。

（5）接班人员在接班后操作有误出现的不良后果由接班人员承担责任。

（6）接班人员刚进入工作就发现交班人员有故意隐瞒事故或异常情况之嫌，并且证据确凿的，若发生了不良后果，即使接班人员已接班，但仍由交班人员承担责任。

（7）交接班有分歧时，尽可能由双方班长协商解决，两班有异议且可能对生产有严重影响或确有重大原则问题争执不下的，可直接向主管汇报，主管应及时处理解决。

（8）交班过程中严禁推诿扯皮、故意刁难或拖延时间。

（9）特种设备、附属设备在条件允许的情况下要开盖或开车试用检查验收。

7. 交接记录

（1）各岗位必须按要求设置交接班记录本。为方便管理，交接班记录本的格式及纸张大小，应由生产技术部统一规定和配置。各岗位的交接班记录本应放置在较明显且固定的地方。

（2）岗位交接班记录本应认真按要求填写，做到格式简洁、字迹清楚、内容详尽，以免产生歧义，交接班人员不得粗心大意、敷衍了事。

8. 交接生产

各岗位员工在完成交接工作后，应立即投入生产工作中去，不得做私事，更不得以各种借口或交接班问题而拖延时间。

课后作业

一、填空题

1. 两班的交接班工作由__________全过程负责，值班人员在未办理完交接手续之前，不得__________。

2. 如接班人员因故未到，交班人员不得__________，并立刻报告上级领导。个别因特殊情形迟到的接班人员，应向当值值班长了解接班情形后再接班。

3. 交接班必须做到“五清”，即____________、____________、____________、____________、____________。

4. 交接班必须做到“四交接”，即__________、__________、__________、__________。

5. 交接班必须巡察全部__________，检查设备运行情况。

二、单选题

1. 接班人员应该提前（　　）分钟到岗参加班前会，进行签到。

A. 20　　B. 30　　C. 40　　D. 50

2. 接班人员在接班前（　　）分钟应进入现场，对所辖设备进行检查，查看运行记录。

A. 10　　B. 20　　C. 30　　D. 40

3. 接班人员在上班前（　　）小时内不得喝酒。

A. 6　　B. 1　　C. 2　　D. 4

4. 交班人员应准确无误地将（　　）及备用情况向接班人员交代清楚。

A. 设备的运行状态　　B. 设备检修

C. 设备的运行状态、设备检修　　D. 设备的维护状态

5. 对由于交接班不认真，导致接班后发生设备损坏事故的情形，由（　　）负主要责任。

A. 操控人员　　B. 接班人员　　C. 交班人员　　D. 部门领导

6. 交班人员在（　　）不得私自离开岗位。

A. 未得到领导同意之前　　B. 工作未完成之前

C. 未办完交班手续之前　　D. 人员未到齐之前

7. 如果接班人员未到，交班人员应（　　），直到有人接替为止。

A. 报告有关领导并继续值班　　B. 继续值班

C. 自行离开　　D. 安排一人值班

8. 交班人员若发现接班人员为醉酒者，应（　　）。

A. 拒绝交班　　　　　　　　　B. 拒绝交班，并报告有关领导
C. 隐瞒事实，继续工作　　　　D. 正常交班

9. 接班人员在完成签到后，由车间或值班长进行工作布置及相关的（　　）。
A. 安全生产培训　B. 安全教育　　C. 技能培训　　D. 娱乐活动

三、判断题

1. 接班人员在参加完班前会后，由值班长进行技能培训。（　　）
2. 只要不耽误工作，接班人员在上岗前可以喝酒。（　　）
3. 交班人员应准确无误地将设备的运行状态、设备检修及备用情况向接班人员交代清楚。（　　）
4. 交接班时如意见发生分歧，应向上一级汇报，由上一级协商解决。（　　）
5. 处理事故或进行重大操作时，不得进行交接班。（　　）
6. 交班人员发现接班人员为醉酒者，应拒绝交班，并报告有关领导。（　　）
7. 交班人员可以在未办完交班手续前私自离开岗位。（　　）
8. 对由于交接班不认真，接班后发生设备损坏事故的，由接班人员负主要责任，交班人员负次要责任。（　　）
9. 接班前 10 分钟接班人员应进入现场，对所辖设备进行检查，查看运行记录，向交班人员了解设备的运行、检修情况以及系统运行方式，检查安全措施及防火情况。（　　）
10. 交接班可以只是个形式，还可以是为现场管理提供帮助的工具。（　　）
11. 接班班长接班时第一步应先进行各项生产数据确认。（　　）

四、简答题

1. 若交接班过程中发现问题，双方班组长协商处理意见不能统一时，应如何处理？
2. 请举例说明现场交接班中的安全事项应该涉及哪些方面的内容。
3. 怎样才能确保在交接班过程中，对交接的内容不会存在遗漏？
4. 交接班必须做到“五清”和“四交接”，其意义是什么？

任务三　班后会总结

学习目标

知识要求

1. 掌握　班后会的工作程序、内容。
2. 熟悉　班后会的工作管理标准。

3. 了解 班后会的重要性。

能力要求

1. 能按企业班后会的工作程序和要求召开班后会。
2. 能准确完成班后会的会议记录。
3. 具有沟通交流、自我总结的能力。

任务引入

15 名 2023 级化工工艺专业高级工班学生已进入合成氨车间工作，被分别分配到早、中、晚三个班组。按照企业交接班管理制度要求，各班组在当天工作结束，完成现场交接之后需要召开班后会进行总结，请大家根据企业交接班管理制度要求，组织召开班后会进行总结，并做好会议记录。

任务分析

开展班后会，是为了对班组工作中发现的问题进行及时分析，讨论解决方法，便于积累工作经验，为下一步的工作奠定基础，同时也可使班组全体成员安全生产意识得到提高。因此，班后会就是总结会，班长应该在总结点评本班组当班工作任务与目标等完成情况的同时，对做得好的班组成员进行表扬和鼓励，对出现违章作业或作业不到位的地方进行批评。另外，班长也可以在班后会上对第二天的班组工作、人员安排提出改进意见。班后会的会议记录要按照保存要求，由专人妥善保管。作为实习生，应深知班后会的重要性，掌握班后会的工作程序、内容，落实班后会的工作管理标准，做好班后会总结工作，发现问题并及时解决问题，杜绝麻痹大意，提高安全生产意识，填好班后会的会议记录。

相关知识

一、班后会的工作要求

班后会与班前会所采取的方式和要解决的重点问题是不同的。班前会是以思想动员的方式，对即将作业的安全工作进行分析预测，防患于未然。班后会则是通过讲评的方式，总结和检查班组生产任务完成状况，并根据实际总结班组作业中遇到的问题和不足之处，提出解决方法和整改意见。可以说，班前会是班后会的前提和基础，班后会则是班前会的继续和发展。班后会的工作要求主要有以下几点。

1. 抓住重点，简明扼要地总结当天生产任务的完成情况和安全操作规程的执行情况。在总结的过程中，既要肯定好的方面，又要找出存在的问题与不足。

2. 对认真执行班组任务、表现突出的班组成员进行表扬；对违章操作的班组成员，根据情节的轻重程度以及造成后果的大小，提出批评教育或进行合理处罚。同时班长还要注意班后会讲评的方法，使班后会既能调动班组成员安全工作的积极性、增强自我保护意识和能力，又能帮助班组成员端正认识、克服消极情绪，达到安全生产的目的。

3. 针对班组工作中出现的问题与不足之处，提出防范措施和整改意见。班后会的一个鲜明特点就是针对性强、见效快，能够及时发现问题并解决问题。班后会总结讲评的基本依据是班组当班的实际工作情况。班组会议上，班长可采用头脑风暴法（排除评论性批评，鼓励自由想象）组织班组成员开会。

4. 班组管理应加强安全生产教育和安全生产责任制教育，具体内容包含明确、具体的安全生产要求、安全生产管理程序、安全生产培训要求和安全生产责任。班长还应积极开展班组培训，包含岗位技能培训、规章制度培训、安全培训、应急避险培训等。

5. 班长要全面、准确地了解当天的工作情况，特别要详细了解发现的不安全现象或事故，并形成要点，在班后会中与班组成员一起总结、学习相关的经验教训。当班组内出现问题时，班长要能区分常发性问题和偶发性问题，特别要注意以下几点：

第一，要弄清问题的性质，判断这一问题是常发性问题，还是偶发性问题。

第二，要注意区分常见问题首次出现的现象与偶然出现的现象，这就需要班长抓住现象后面的本质进行分析、解决问题。当问题解决后要总结经验，如修订操作规程或进一步界定职责等。

另外，同班前会一样，班后会也应做好记录备案。

二、班后会的工作程序

1. 完成现场岗位交接后，交班班组全体成员到交接班室集合，由班长召开班后会，值班人员（非日常工作时间）或其他管理人员（日常工作时间）必须按时参加。

2. 班后会队列要整齐有序，由班长负责清点人数，点名声与答“到”声要清晰洪亮。

3. 各岗位人员报告当班重点工作。

4. 由班长对当班生产情况进行总结，及时总结经验教训；表扬好人好事，批评违章违纪行为；传达一些其他事务；进行相应的培训工作。

5. 由班长带领全体成员喊口号。

6. 建立班后会台账，由班长派专人记录，班长和车间（直属单位）管理人员签字确认，车间要定期检查与考核台账的记录情况。

三、班后会　“一落实”

首先，检查“三讲”的内容是否落实到实际工作中，并以文字的形式反映在班长的班后会记录上。

其次，值班队长、班长、工作负责人跟踪检查现场作业是否全部按要求落实。

最后，班长要在当日下班前对当日“三讲一落实”中的“落实”情况进行点评。点评要以详细、准确为标准，要对参与工作的每个工作组逐一进行点评，并提出今后整改的意见。点评的内容主要包括如何防范工作中新发现的危险点、现场作业中的违章操作行为、近期安全生产趋势等。

任务实施

15 名 2023 级化工工艺专业高级工班学生，被分别分配到合成氨车间早、中、晚三个班组。当前早班人员已完成当班工作并顺利交班，按照企业交接班管理制度需要召开班后会，并做好班后会总结与记录。

1. 假如你是合成氨合成工段班长，请你召开一次班后会，对当班情况进行总结。

2. 在班后会召开过程中，需要填写班后会会议记录，请填写到表 2－4 中。

3. 各小组互相点评各自的班后会总结，指出彼此存在的问题。

4. 各小组做好班后会中对违反纪律员工的批评教育，注重批评方式和方法，并与员工进行谈心。请自定义谈心场景，模拟谈心过程，交流谈心感想。

表 2－4　　班后会会议记录表

<table>
<tr><td>工段/岗位名称</td><td></td><td>日期</td><td></td><td>班次</td><td></td></tr>
<tr><td>应出席人数</td><td colspan="2"></td><td colspan="2">实际出席人数</td><td></td></tr>
<tr><td>参会人员</td><td colspan="5"></td></tr>
<tr><td>会议内容</td><td colspan="5"></td></tr>
<tr><td>存在问题</td><td colspan="5"></td></tr>
<tr><td>提出建议</td><td colspan="5"></td></tr>
</table>

任务测评

序号	考核内容	考核标准	配分	得分
1	班后会组织	符合班后会工作程序要求	20	
2	班后会实施	符合班后会的工作要求	50	
3	班后会会议记录表	记录要求全面、准确、无遗漏	20	
4	总结与谈心	对班后会进行总结，谈话谈心方式恰当、效果明显	10	
总分			100	

知识拓展

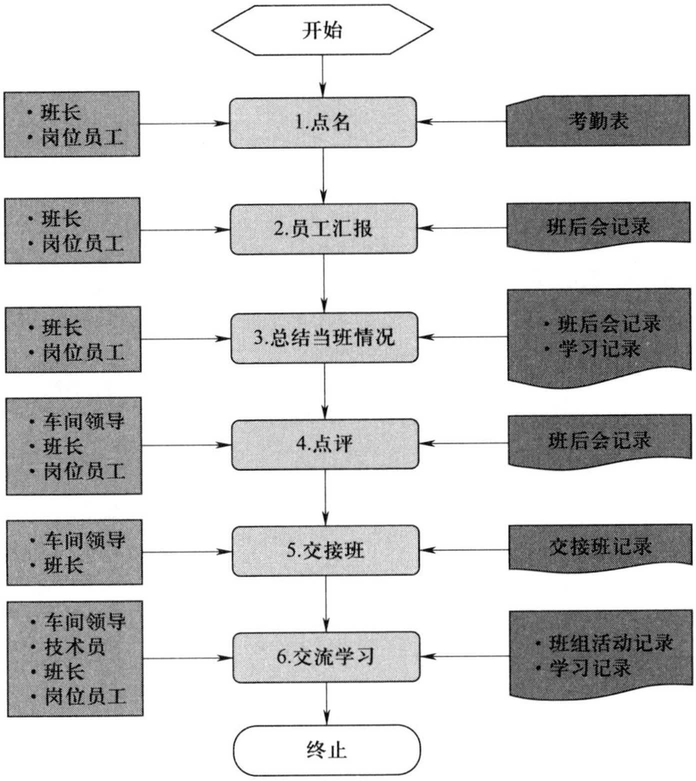

图 2－3　××××集团班后会标准作业流程图

表 2－5　××××集团班后会标准作业流程表

序号	流程步骤	作业内容	作业标准	作业人员	参考时间
1	点名	1. 点名 2. 检查员工身体、精神状况	1. 班长应按一定的顺序点名，做到全员无遗漏，声音洪亮 2. 点名时，员工应迅速起立，立正，双手手掌紧贴裤缝，答“到”声音洪亮 3. 班长根据员工答“到”情况，判断其精神面貌和身体状态是否良好	班长 岗位员工	2 分钟
2	员工汇报	1. 汇报当班工作完成情况 2. 汇报当班作业过程中存在的问题	1. 每位员工都进行汇报，汇报时，员工应起立，声音洪亮 2. 每位员工应详细、完整汇报工作和存在的问题，以方便班长分析其工作量和作业难度	班长 岗位员工	8 分钟
3	总结当班情况	1. 现场安全管理情况 2. 生产任务完成情况 3. 工程质量 4. 设备情况 5. 文明生产情况 6. 存在的问题	1. 总结现场安全管理情况，如是否发生工伤等 2. 总结当班生产任务完成情况，如超额或未完成当班生产任务，并分析原因 3. 总结当班工程质量、设备情况和文明生产情况，反思存在的问题，并分析原因 4. 每一位参会人员做好笔记，记录当班情况	班长 岗位员工	5 分钟

续表

序号	流程步骤	作业内容	作业标准	作业人员	参考时间
4	点评	1. 点评员工当班工作情况 2. 当班劳动纪律情况 3. 存在的问题	1. 车间领导进行点评，要具体到每一位员工 2. 点评要客观公正 3. 总结当班员工劳动纪律情况，如是否存在三违等，并对三违原因进行分析 4. 分析当班存在的问题，提出针对性整改措施	车间领导 班长 岗位员工	5 分钟
5	交接班	1. 填写交接班记录 2. 履行交接手续	1. 严格执行交接班制度，规范填写交接班记录 2. 可通过电话、面对面等形式与下一班班长进行交接，交接工作要实事求是、详细完整	车间领导 班长	5 分钟
6	交流学习	1. 经验分享 2. 学习考试	1. 通过点评情况，选择工作完成较好的员工进行经验交流分享 2. 进行经验交流分享的员工应坐到前排，将自身经验详细分享给大家 3. 班后学习考试可根据员工身体、精神状态，按需组织 4. 班后学习应简明扼要，具有针对性 5. 各单位统一配备学习记录本，参会人员按规范做好学习记录	车间领导 技术员 班长 岗位员工	10 分钟

企业“智慧班组”，助力打通班组安全管理“最后一公里”

企业安全生产源头在班组，班组是企业生产经营活动最基层的单位，是企业安全生产任务的执行者，也是生产安全事故的直接受害者。有研究表明，企业 98% 以上的事故发生在一线生产班组。因此，企业落实安全生产主体责任，必须将班组安全置于重要位置，将班组安全管理各项工作落到实处。

随着技术的发展，“智慧安全”理念在企业安全生产场景的应用不断深入，进一步催生了班组安全管理技术手段的进步。所谓智慧班组，是针对虚拟化班组中知识型员工之间以及虚拟班组之间的自适应、互学习、分享式的管理变革运动，是一种新的班组管理模式。

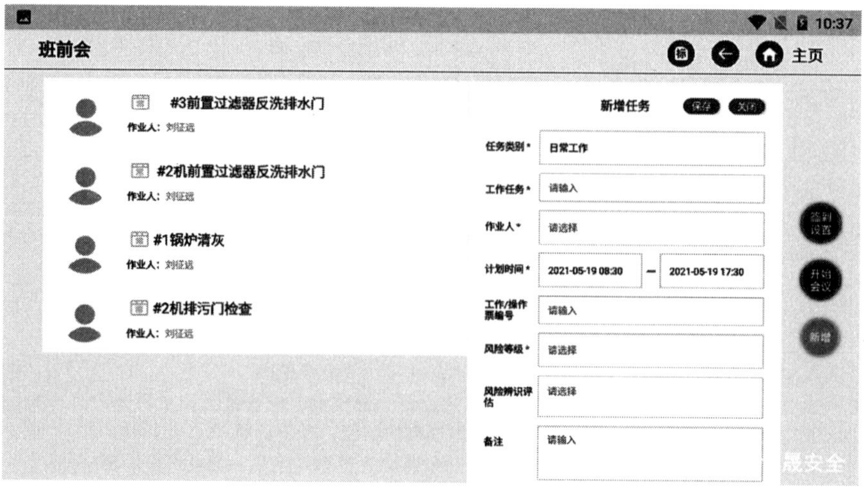

智慧班组安全管理终端（以下简称智慧终端）的“新”，主要体现在以下几个方面：

一新：落实安全风险管控，提升班组风险管控能力

班长可以将班组日常任务的危险因素及防范措施提前录入智慧终端风险库中，班组成员在智慧终端内选择任务后，可一键查询任务风险等级、危险因素及防范措施，提高班组成员风险辨识分析能力，实现风险超前管控。同时，智慧终端以音频、视频方式，记录反馈工作任务现场分析情况，以确保风险预控执行到位。

二新：以智能化手段为班组减负，提升工作效率

班组通过智慧终端开展工作能够实现工作任务智能推送、超期到期工作任务预警提醒、工作台账自动生成并归档，帮助广大班组管理人员从繁重的资料整理任务中解脱出来。

三新：推进标准化、本安型班组建设

把班组工作的标准程序内置到系统中，真正实现制度、标准管理班组，而不是人为管理班组，有利于班组的标准化建设。

四新：安全生产业务数据整合，打通数据应用最后一公里

系统能够与企业集团 ERP、UM 系统等原有系统进行对接，实现用户、工作票、缺陷单等数据的互联互通，消除信息孤岛，通过数据互联互通和有效利用提高工作效率。

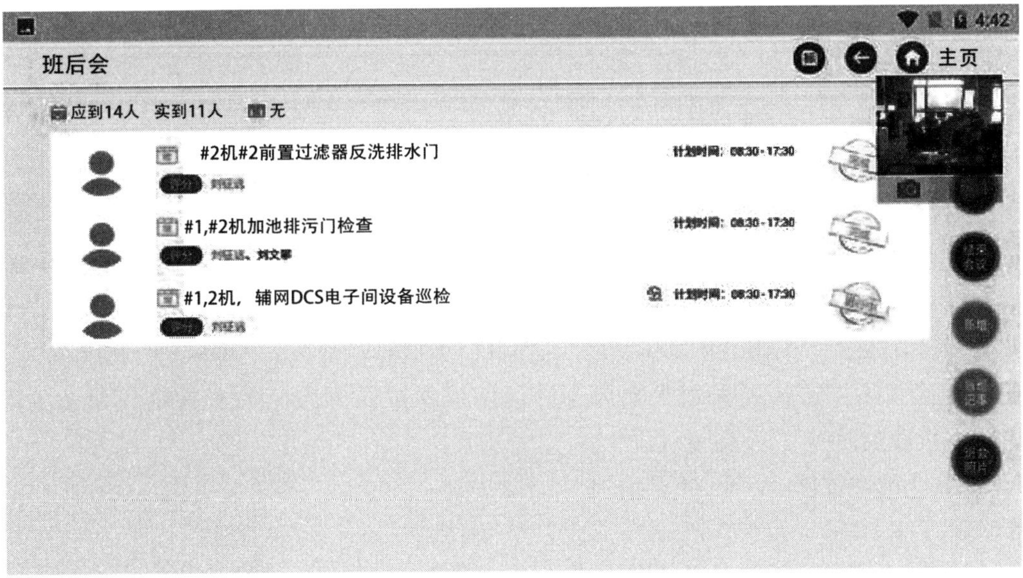

智慧班组安全管理终端核心要素主要体现在以下四个方面：

1. 管理平台

智慧终端通过打造班组管理信息的云计算平台，实现资源、信息和知识的集中化管理，营造班组信息和知识文化相互交流的环境，实现信息流动。

2. 管理手段

智慧终端应用信息化手段强化班组内部以及班组与企业之间的联系，改变了以往的线下联系，使班组之间、成员之间、班组与企业之间的交流更加实时和顺畅。

3. 管理评价

智慧终端为班组建立了全新的班组建设和评估的管理指标体系和方法工具，能够帮助班组更好地审视自身建设的问题，不断提高班组安全管理水平。

4. 管理模式

以“管理平台 + 智能终端 + App”新模式，让班组建设经验、方法、工具和理念走出传统观念，并在行业内进行有效的推广复制，发挥更大的创造力。

课后作业

一、单选题

1. 班后会总结讲评当班工作和安全情况，表扬好人好事，批评忽视安全、（　　）等不良现象，并做好记录。

A. 违反纪律　　B. 违章作业　　C. 盲目操作　　D. 以上均是

2. 下列关于班后会的说法不正确的是（　　）。

A. 总结、讲评当天班组工作的执行完成情况

B. 有针对性地表扬好人好事

C. 批评、纠正工作中的问题，及时制定整改措施

D. 班后会有时候就是走个形式，走走过场即可

3. 班后会以讲评的方式，对已经完成生产过程中的安全工作情况进行总结、检查，并提出整改意见。班前会是班后会的前提和基础，班后会是班前会的（　　）。

A. 实践和评定　　B. 继续和发展　　C. 实施和验证　　D. 评价和反馈

4. 班组会议上，班长可采用头脑风暴法组织班组成员开会。关于头脑风暴法的原则，下列说法不正确的是（　　）。

A. 排除评论性批评

B. 鼓励自由想象

C. 提出想法越多，就越有可能获得有价值的观点

D. 要求与会者改进他人提出的观念

二、多选题

1. 班后会是有效避免员工早退的一种方法，但虽有班后会仍有员工提前交班打卡，是哪些原因造成的？（　　）

A. 交接不仔细，走形式

B. 交接班会议内容欠缺、不全面，在较短时间内就开完了

C. 允许电话交接班

D. 允许家庭住址较远或体质差的员工缺席交接班会

2. 老赵是班组的一名老工人了，技能水平相当高，平时不爱说话，一说话就是牢骚话，对团队的士气有很大的影响。面对这样的老工人，作为班长，你会采取哪些沟通方式？（ ）

A. 了解老赵的真实想法，再想对策

B. 命令老赵今后不能在班组里发牢骚

C. 要在平时多次与老赵沟通，对老赵的能力表示高度评价

D. 适时对老赵的生活和工作予以关心和帮助

3. 下列关于班长区分常发性问题和偶发性问题的说法，正确的是（ ）。

A. 要弄清问题的性质，判断这一问题是常见问题，还是纯属偶然

B. 要弄清楚哪些现象属于常见问题的首次出现，因为它容易给人一种偶然出现的错觉

C. 管理者需要判断问题是常发还是偶发，尤其是不要把常发问题首次出现错判为偶发

D. 过去从来没有遇到过的现象的本质仍属于常见问题，这就需要班长抓住现象后面的本质进行分析、解决，并总结经验，如修订操作规程或进一步界定职责等

4. 班长应积极开展班组培训，具体应包含（ ）。

A. 岗位技能培训　　B. 规章制度培训

C. 安全培训　　D. 应急问题能力培训

三、案例分析题

1. 近期，某化工企业通过参加车间各班组的班后会发现，班长每次在班后会讲评时，下面员工总是心不在焉，对讲评的内容根本没有听进心里。针对上述问题，请你分析一下出现这种现象的原因是什么，以及应如何改进这一现象。

2. 某化工企业甲醇合成车间的10位员工分别由李、王两位性格不相同的车间班长带领，两位班长对于犯错误的员工的态度也是不同的。张飞是新来的大学生，一个月之内两次上班迟到；还有一次，由于粗心大意将一个重要的工艺参数记录错误，但被及时发现没有造成重大影响。王班长每次发现张飞的问题后，就当场对张飞进行批评；另外三位员工被王班长发现了错误，也是如此。

李班长认为王班长的处理方法过于粗暴、简单。当员工犯错误时，不应该直接批评员工，而应该讲究一定的领导艺术性，应待事情过后在恰当的时间采用暗示引导、自身示范等方法对员工进行引导和启发。

请问您赞同李班长的做法还是王班长的做法？在对员工进行批评的时候有哪些注意事项？

模块三

日常巡检管理

化工企业生产活动往往具有高温、高压、易燃易爆等特点，如果发生事故，非常容易造成人员伤亡和财产损失，甚至污染环境，事故后果往往比较严重。因此在化工生产中要防患于未然，消除隐患于萌芽，积极预防事故的发生。

随着化工产业的发展，新工艺、新技术的使用，化工企业在努力提升装置本质安全，积极优化工艺过程、自动化控制、安全仪表等，然而再先进的高科技、现代化的控制系统也难免出现故障，再完善的工艺也会出现纰漏，再好的设备也会出现损坏，在此种情况下，人员的到位检查就显得尤为重要。

任务一　工艺参数巡检

学习目标

知识要求

1. 熟悉　工艺参数巡检在企业生产质量保障中的意义。
2. 掌握　典型工段巡检内容及要求。
3. 了解　巡检路线及巡检频次的安排规则。

能力要求

1. 能结合岗位职责，开展工艺巡检工作。
2. 能正确填写工艺巡检记录表。
3. 能对巡检过程及记录表填写质量进行合理评价。

4. 养成良好的规则意识。

5. 培养高度责任心和团队协作意识。

任务引入

2023 年，某能源企业常减压车间，当班巡检人员在巡检过程中发现分散控制系统（DCS）管式炉底某数值为 0.3%。巡检人员立即将这一异常情况报告给了班长，班长立即上报车间主任并指挥灭炉，避免了管式炉干烧。通过事后调查，出现此种异常情况是储运车间来料不稳、原油液位过低所致。

如果没有及时发现这一异常情况，管式炉持续干烧很可能会引起物料泄漏或火灾。在实际生产中，车间很可能因工艺巡检未按时开展而出现原油液位过低的情况。如果你是班长或操作员，将如何开展工艺巡检工作？

任务分析

石油化工行业是流程工业，如常减压工段主要设备布局（见图 3－1），工序繁多，需要连续长周期运行。工艺巡检工作需要贯穿生产流程的始终，保障了生产正常运行和产品质量稳定。作为巡检岗位实习生，需尽快明确本工段巡检路线、巡检时间，清楚巡检内容和要求，能够进行巡检并完成相关记录，接受质量考核评价，从而适应不同工段、工艺的巡检要求，完成实习任务。

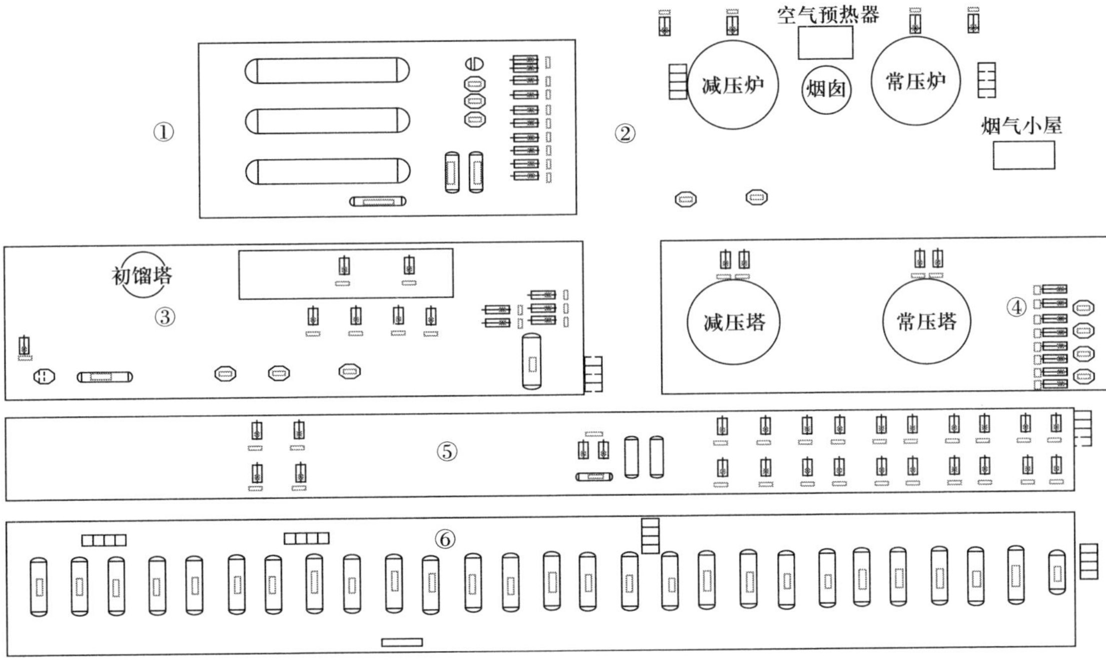

①电脱区；②加热炉区；③稳定区；④塔底及助剂区；⑤装置泵区；⑥换热器平台区

图 3－1　常减压工段主要设备布局

相关知识

在企业生产中的巡检，即巡回检查，一般指“人工巡检”，现场人工巡检是获取工艺实时信息、设备运行状态等信息的一种重要途径，是整个生产工艺控制的必要组成部分，与分DCS、机械巡检形成有机补充。在一些特殊情况中，如仪表失灵、信号中断、传输卡顿出现时，也只有现场人工巡检可以实现替代，从而保障运行。

外操人员除了接受内操人员的指令执行现场操作外，还有很重要的一项工作就是巡检工艺状况和设备运行情况。第一时间获得工艺设备状态信息是工艺系统可靠运行的保证。

一般化工厂执行“三级巡检”制度，即车间操作工的巡检、车间管理人员的巡检、厂级专业人员的巡检。班组中，班长、操作工亦应各司其职，配合车间主任完成班长巡检和操作工巡检。

一、班组巡检岗位的职责

在实际生产中，操作工不应只被动接受内操人员指令，而应主动巡检，为内操人员操作提供依据。操作工通过分析现场状态，预判隐患问题，提前采取措施，避免问题发生；发现问题及时采取措施，避免进一步扩大，最终保证生产正常进行。

在班组中，不仅仅操作工需要按时巡检，班长也需要定时巡检，对工艺指标作出指导。

1. 操作工

（1）负责巡检方案的具体执行，对巡检中发现的问题进行反馈、处理。

（2）负责对巡检方案提出合理化建议。

（3）对本人巡检质量负责。

2. 班长

（1）负责班组巡检方案的具体执行，并合理安排班组力量进行巡检。

（2）负责对本班组巡检质量进行奖励和考核。

（3）负责对巡检中检查出的问题进行反馈、处理及追踪。

（4）负责对本人巡检质量负责。

二、班组巡检岗位的要求

巡检岗位对巡检人员有“一专多能”的需求，巡检人员除了需要熟悉工艺本身的参数指标值外，还需要具备工艺、机电、润滑、仪表相关知识。

1. 能判断设备温度、压力显示是否正常。

2. 能通过温度表、压力表等来分析判定潜在隐患，准确汇报，并给出调整建议。

3. 能对已经存在的现实问题进行分析并采取适当措施。

4. 通过流量、温度、压力等现场数据分析，为中控室内操人员提供合理化建议。

三、班组巡检相关实务

“巡”就是按照一定标准，沿着一定的点位，走一定的路线，由点到线，面面俱到，所以熟悉巡检路线是开展巡检工作的前提。“检”就是携带必要的仪器、工器具，通过看、闻、听、摸等感官，对现场工艺、设备等进行信息采集。

巡检线路的确定、巡检时间的安排、巡检参数及上下限设置一般由车间管理人员完成。设计巡检路线时，通常考虑要使所有检查点都能按要求被检查到，尽可能使巡检人员的工作路线是一个闭环，避免巡检人员重复往返于各个检查点，消耗时间和体力。对于“三班倒”固定时间上班的班组，在安排巡检时间时应注意每个检查点巡检的时间间隔不要超过此检查点的被检周期，尽量做到每一名巡检人员在一定时间内的工作量差别不大。《危险化学品企业事故隐患排查治理实施导则》规定，危险化学品企业现场巡检间隔不得大于 2 小时，涉及“两重点一重大”的生产、存储装置和部位的操作人员现场巡检间隔不得大于 1 小时，宜采用不间断巡检方式进行现场巡检。特别是涉及硫化氢这类有毒有害物质的工段，需安排双人巡检。巡检时二人需拉开距离，相距 5 ~ 10 米，携带对讲机和必要的检测仪、劳动防护用品，同去同归，上下楼梯时，应一前一后，保持一个平台间隔。

工艺参数巡检遵循“五定”（定人、定时、定路线、定内容、定点）管理，巡检过程中要注意自身安全，上下直梯抓好扶手；高点巡检过程中佩戴好巡检包，将巡检仪放入巡检包中，避免上下过程中巡检仪跌落，造成损坏；巡检中发现的问题及时反馈至内操人员及班长，必要时汇报至车间管理人员处，便于及时解决问题。

》任务实施

某技师学院高级班 5 年级学生进入某石油炼化企业常减压工段实习，常压塔主要产品有瓦斯气、直馏石脑油、柴油，减压塔主要产品有蜡油、石脑油。工段场地由电脱区、塔底及助剂区、炉区、装置泵区、换热器平台区、稳定区 6 个检测区组成（见图 3 - 1）。巡检人员需对 6 个检测区域 31 项工艺指标进行巡检。

请根据所学知识和公司既定方案，优化常减压车间白班工艺巡检的路线、时间，对检查点工艺指标进行巡检，掌握各检测点相关内容正常指标范围，对照检查内容熟悉巡检记录单并填写记录。

在常减压工段进行工艺巡检时，可由其他班组学生预先在流程图（见图 3 - 2）、布局图（见图 3 - 4、图 3 - 5）随机挑选几个检测点并填入正常指标范围与状态，再由本组成员结合场景在图上按时（可按一定时间倍速）、按路线进行巡检，到达指定检测点，进行现场标记，记录相应工艺指标，再由班长巡检考核。

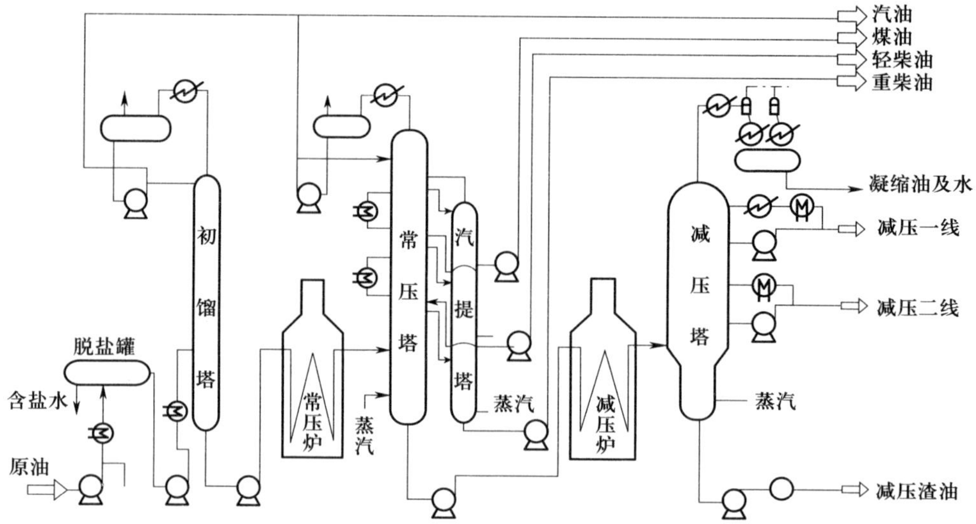

图 3-2　常减压蒸馏装置工艺流程图

一、巡检路线参考

常减压工段巡检工巡检路线

1. 操作工巡检路线

单点巡检路线包含四个巡检区域：电脱区→稳定区→塔底及助剂区→加热炉区（见图3-3）。

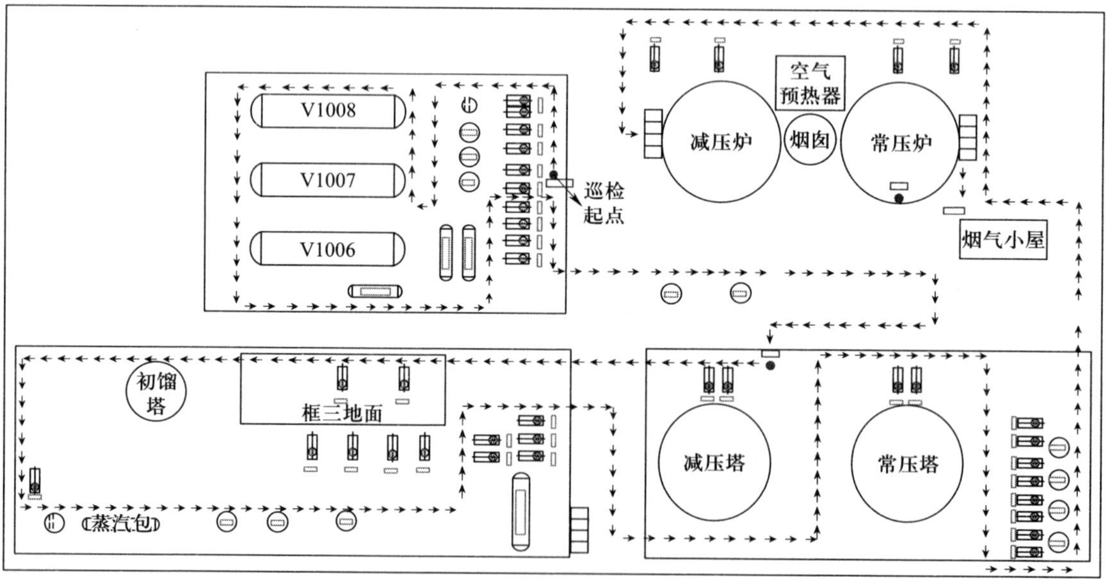

图 3-3　操作工单点巡检路线

双点检测路线包含四个巡检区域：装置泵区→9 米换热器平台区→16 米换热器平台区→稳定区（见图3-4）。

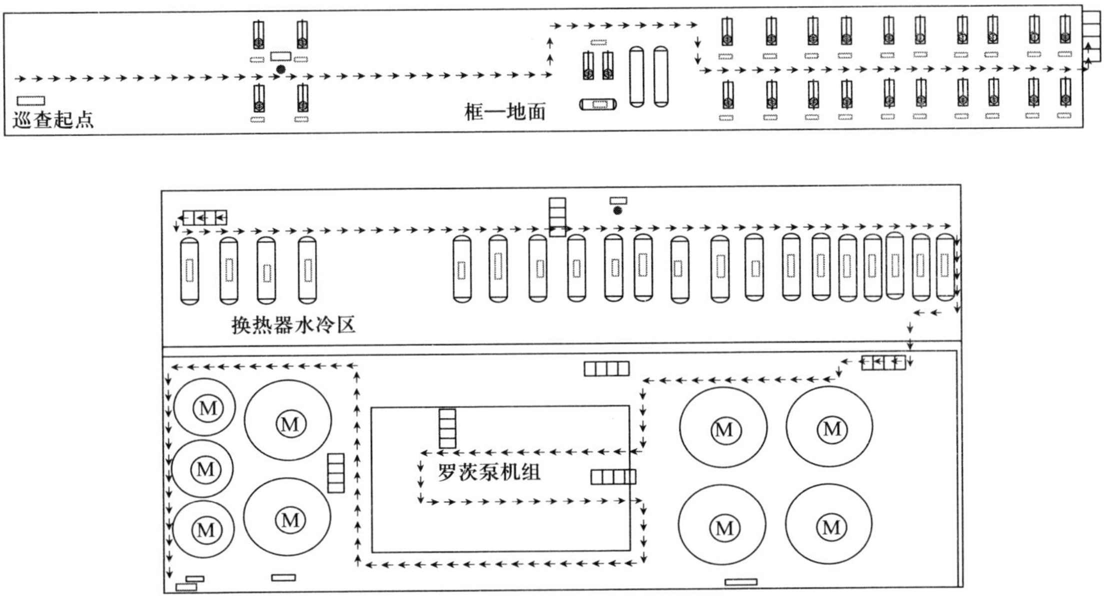

图 3－4　操作工双点巡检路线

2. 班长巡检路线

班长巡检路线包含四个区域：装置泵区及稳定区→塔底及助剂区→加热炉区→换热器平台区（见图 3－5）。

二、巡检时间参考

化工企业一般采用三班倒的固定排班方式，不考虑巡检人员休息时间，尽量保证每一名工人在 8 个小时的工作时间内工作量分布均衡。

1. 操作工巡检时间

（1）电脱区

夜班：01：00、03：00、05：00、07：00。

白班：09：00、11：00、13：00、15：00。

中班：17：00、19：00、21：00、23：00。

（2）塔底及助剂区

夜班：01：10、03：10、05：10、07：10。

白班：09：10、11：10、13：10、15：10。

中班：17：10、19：10、21：10、23：10。

（3）加热炉区

夜班：01：30、03：30、05：30、07：30。

白班：09：30、11：30、13：30、15：30。

中班：17：30、19：30、21：30、23：30。

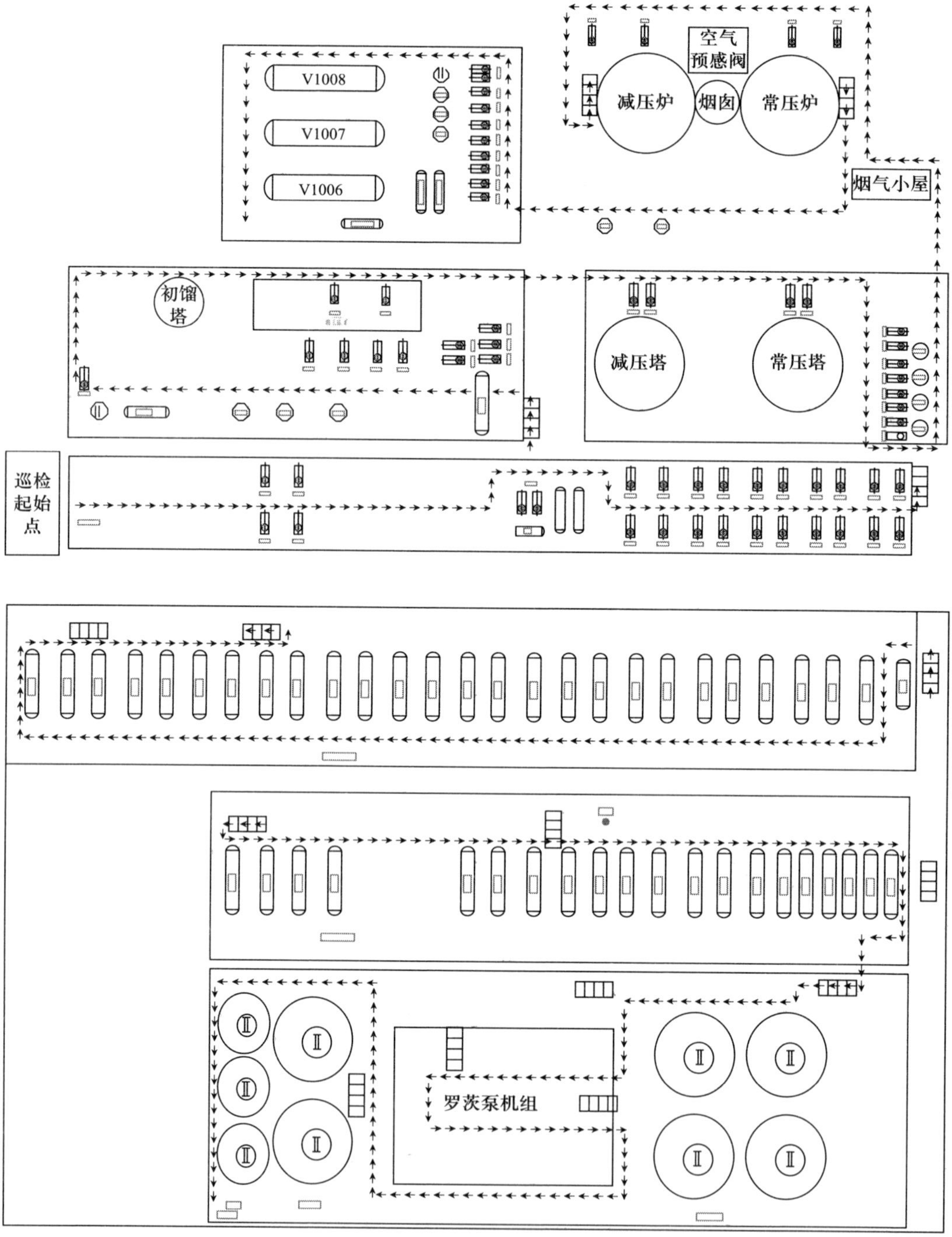

图 3－5　班长巡检路线

（4）装置泵区

夜班：00：00、02：00、04：00、06：00 、08：00。

白班：10：00、12：00、14：00。

中班：16：00、18：00、20：00、22：00。
(5) 换热器平台区
夜班：00：20、02：20、04：20、06：20 、08：20。
白班：10：20、12：20、14：20。
中班：16：20、18：20、20：20、22：20。
(6) 稳定区
夜班：01：20、03：20、05：20、07：20。
白班：09：20、11：20、13：20、15：20。
中班：17：20、19：20、21：20、23：20。
2. 班长巡检时间
(1) 装置泵区及稳定区
夜班：01：00、05：00；白班：09：00 、13：00；中班：17：00、21：00。
(2) 塔底及助剂区
夜班：01：15、05：15；白班：09：15 、13：15；中班：17：15、21：15。
(3) 加热炉区
夜班：01：25、05：25；白班：09：25 、13：25；中班：17：25、21：25。
(4) 换热器平台区
夜班：01：40、05：40；白班：09：40 、13：40；中班：17：40、21：40。

三、巡检内容及要求参考

巡检现场也会安置标识牌，标明检查点及工艺指标、责任人等信息（见图3－6）。

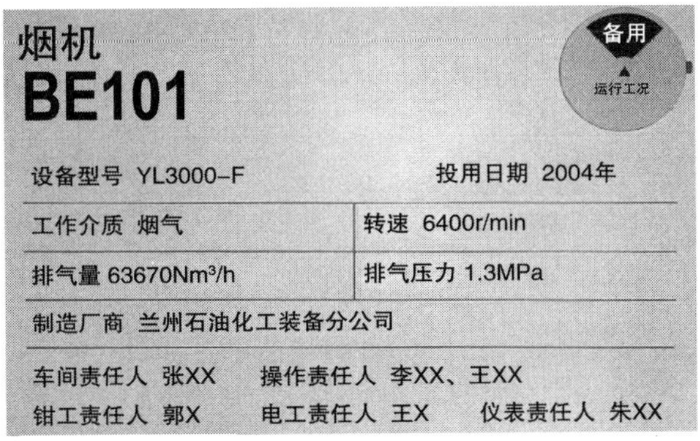

图3－6　标识牌示例

1. 操作工工艺巡检内容及标准见表3－1。
2. 班长工艺巡检内容
(1) 电脱区、塔底及助剂区
1) 检查巡检人员是否按时巡检，巡检是否认真、到位。

2）检查现场是否存在“三违”现象，及时制止违纪违章现象。

（2）稳定区及装置泵区

1）检查巡检人员是否按时巡检，巡检是否认真、到位。

2）检查现场是否存在“三违”现象，及时制止违纪违章现象。

（3）加热炉区

1）检查巡检人员是否按时巡检，巡检是否认真、到位。

2）检查现场是否存在“三违”现象，及时制止违纪违章现象。

3）检查加热炉炉火燃烧情况是否正常。

（4）换热器平台区

1）检查外操人员是否按时巡检，巡检是否认真、到位。

2）检查现场是否存在“三违”现象，及时制止违纪违章现象。

四、巡检过程评价参考

1. 操作工按照时间节点到达相应检测点，检查工艺参数，记录数据，填入操作工工艺巡检记录表（见表3－1）。

2. 班长开展班长工艺巡检，对班组内人员工艺巡检过程进行考核，填写班长工艺巡查记录表（见表3－2）。

表3－1　　　　操作工工艺巡检记录表

年　　月　　日

序号	巡检区域	巡检点	巡检记录	指标范围	巡检时间
1	电脱区	二级电脱电流		0～200 A	____：____
2		二级电脱混合压差		50～120 kPa	____：____
3		三级电脱电流		0～200 A	____：____
4		三级电脱混合压差		50～120 kPa	____：____
5		注水罐液位		40%～80%	____：____
6		破乳剂罐液位		10～95 cm	____：____
7	塔底及助剂区	二分塔顶污油罐液位		10%～70%	____：____
8		二分塔顶污油罐界位		60%～90%	____：____
9		初底泵出口压力		1.5～2.0 MPa	____：____
10		减底泵出口压力		0.4～1.3 MPa	____：____
11		常底泵出口压力		0.3～0.9 MPa	____：____
12		中和剂北罐液位		5%～88%	____：____
13		缓蚀剂北罐液位		5%～88%	____：____
14	加热炉区	常炉入口压力		0.40～1.00 MPa	____：____
15		减炉入口压力		0.30～0.80 MPa	____：____

续表

序号	巡检区域	巡检点	巡检记录	指标范围	巡检时间
16	装置泵区	减三泵出口压力		0.5～1.2 MPa	____：____
17		水环泵出口压力		0～0.06 MPa	____：____
18		封油罐液位		45%～70%	____：____
19		减一泵出口压力		0.9～1.6 MPa	____：____
20		减一泵电流		0～220 A	____：____
21		减二泵出口压力		0.8～1.7 MPa	____：____
22		常三泵出口压力		0.8～1.5 MPa	____：____
23	换热器平台区	一分塔顶回流罐液位		30%～70%	____：____
24		一分塔顶回流罐界位		30%～70%	____：____
25		一级罗茨泵电流		0～195 A	____：____
26		二级罗茨泵电流		0～230 A	____：____
27	稳定区	稳定回流罐液位		30%～70%	____：____
28		稳定回流罐界位		30%～70%	____：____
29		稳定缓冲罐液位		15%～70%	____：____
30		稳定缓冲罐界位		30%～70%	____：____
31		稳定塔进料泵出口压力		1.0～2.2 MPa	____：____
班组记事	巡检员：____________　班长：____________				

表3-2　　　班长工艺巡查记录表

年　月　日

序号	巡检区域	巡检内容	巡检结果	巡检时间
1	电脱区、塔底及助剂区	检查巡检人员是否按时巡检，巡检是否认真、到位		
		检查现场是否存在“三违”现象，及时制止违纪违章现象		
2	稳定区及装置区	检查巡检人员是否按时巡检，巡检是否认真、到位		
		检查现场是否存在“三违”现象，及时制止违纪违章现象		
3	加热炉区	检查巡检人员是否按时巡检，巡检是否认真、到位		
		检查现场是否存在“三违”现象，及时制止违纪违章现象		
		检查加热炉炉火燃烧情况是否正常		

续表

序号	巡检区域	巡检内容	巡检结果	巡检时间
4	换热器平台区	检查巡检人员是否按时巡检，巡检是否认真、到位		
		检查现场是否存在“三违”现象，及时制止违纪违章现象		
班组记事	班长：________			

任务测评

完成模拟巡检，请其他班班长进行监督，评价巡检过程执行情况。

序号	考核内容	考核标准	配分	得分
1	巡检路线	有无折返，浪费时间	15	
2	巡检内容	有无遗漏、重复	30	
3	数据记录	是否完整、准确	30	
4	安全健康	个人防护是否到位	25	
总分			100	

知识拓展

巡检仪与近场通信巡检牌

巡检仪是一种通过近场通信或图像识别技术将巡检人员巡检时间、地点等信息自动记录下来的安全防护产品，有助于实现班组巡检工作科学化、管理规范化，目前被广泛运用于输油管道、油库罐区等化工设备的巡检。

感应式巡检仪的工作原理是在巡检路线上安装一系列不同标识的射频卡，巡检人员到达各点后用手持感应式巡检仪（见图3－7）读卡，通过近场通信技术识别并读取此点的数据，将“卡号”和“读卡时间”记录下来。

巡检时，巡检人员手持巡检仪沿巡检路线在规定时间到达巡检地点，用巡检仪读取近场通信（NFC）巡检牌信息（见图3－8），仪器会有振动、声光提示，并自动记录数据上传管理软件数据库，管理软件会对上传的数据进行自动分析，实现巡检工作的科学管理。

图 3－7　手持感应式巡检仪

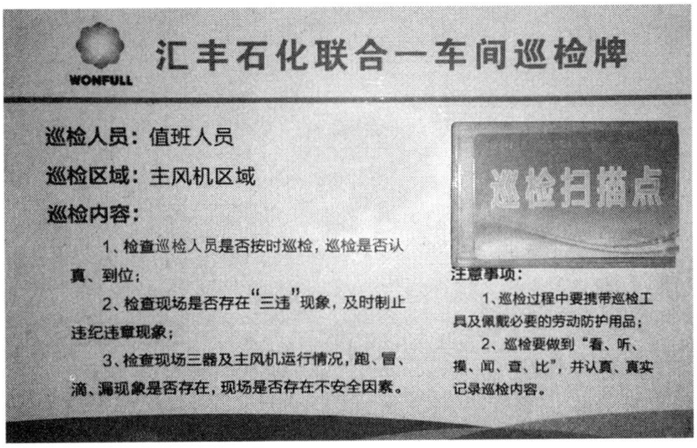

图 3－8　近场通信巡检牌

课后作业

一、填空题

1. 巡检“五定”是指：________、________、________、________、________。

2. ______________负责对本班组巡检质量进行奖励和考核。

3. 危化品企业巡检间隔不得大于________小时，涉及“两重点一重大”的生产、存储装置和部位的操作人员现场巡检时间不得大于_________小时。

4. 高毒高危害的工艺工段，需安排_____________人巡检。

二、单选题

1. 危化品企业生产管理中“三级巡检”不包括（　　）。

A. 车间巡检岗位操作工的巡检　　B. 车间管理人员的巡检

C. 厂级专业人员等的巡检　　D. 应急管理部门组织的巡检

2. 下列不是常减压工段巡检范围的是（　　）。

A. 加热炉区　　B. 生化池

C. 电脱区　　D. 稳定区

三、判断题

1. 有经验的巡检人员可以在不穿戴防毒面具的情况下独自一人进入硫化氢生产工艺区巡检。（　　）

2. “检”就是携带必要仪器、工器具，通过看、闻、听、摸等感官，对现场工艺、设备等进行信息采集。（　　）

3. 现代 DCS 仪表稳定可靠，不会出现信号遗失或卡顿，所以人工巡检没必要。（　　）

四、简答题

班组协作，模拟早班班组完成的工艺巡检，并填写“350 万吨/年常减压岗位巡检记录表”。

任务二　设备维护保养巡检

当前化工产业格局正在面临重新整合，很多工艺生产都向大规模、连续生产方向发展，这就要求设备应始终处于良好的运行状态。如果一个生产环节出现问题，很可能导致一系列后续问题，甚至全面停产，严重影响生产进度，造成巨大的经济损失。现代化生产要求预防性维护尽可能取代设备维修，因此按时有效地开展设备维护保养的巡检，提前发现问题、排除问题是保证设备正常运行、生产持续稳定的最基本条件。

学习目标

知识要求

1. 熟悉　设备维护保养巡检的目的和意义。
2. 掌握　设备维护保养巡检的内容和方法。
3. 了解　设备维护保养巡检的周期要求和路线安排。

能力要求

1. 能按照路线、频次安排执行设备保养巡检。
2. 能正确判断设备状态，填写设备巡检检查记录表。
3. 能正确总结、评价学习目标达成度。

4. 具有操作规范、严谨细致的思维习惯。

5. 具有团队分工协作和统筹规划的能力。

》任务引入

某石化公司油品车间在输送石脑油过程中，泄漏石脑油 158 吨，造成了重大跑油事故，后经过努力，仅回收了 81 吨。调查发现导致事故扩大的原因之一就是当班班长没有严格执行规章制度，在开泵后没有开展设备巡检工作，在多次接到收油异常的反馈后，也没有去检查从泵出口到界区的管线，导致石脑油从焊道缺口持续泄漏。

作为油品储运车间的班长，为保障生产正常进行，你该如何安排班组进行设备巡检？

》任务分析

设备巡检是设备运行过程中进行维护和保养的重要环节，能有效预防设备在连续运行过程中产生故障和重大安全隐患。班组巡检人员应在设备未出现异常的情况下采用巡回检查、状态测量来判断设备运行状态，配合专业维修人员，预见性地开展设备维护、使用和保养工作。

上述案例中，班长未安排开展巡检、无视异常信息反馈，是责任心的缺失，同时对设备维护保养巡检工作认识不到位，对设备管理标准不明确从而导致安排工作出现疏漏。

》相关知识

设备巡检是提高设备维护水平的一种措施，目的是掌握设备运行状况及周围环境的变化，发现设施故障和安全隐患，及时采取措施，保证设备安全和系统稳定。

实施设备巡检能使设备隐患及时得到发现、异常及时得到解决，保证设备经常处于良好的状态，提高设备完好率和利用率；能使突发性事故降低到最低限度，减少抢修工作量，提高工作效率，有利于增产和降低维修费用；能使设备技术档案完整化，便于信息反馈和计算机辅助管理，提高管理现代化水平。

设备的管理活动中，有巡检和点检两种制度，巡检是点检的基础，为点检提供相应的信息依据，使点检更有方向性、针对性，避免过度检查。所以点检的“五层防护体系”中，运行人员的巡检为第一层防护。巡检要掌握运行中设备的状态变化、故障现象、异常初期表现，除依靠监视装置、仪表显示外，主要依靠巡检人员周期性地巡视检查来发现。

一、设备维护保养巡检的周期要求和路线安排

1. 周期要求

运行值班人员每班至少对运行设备、热备用设备进行 2 次巡检，时间为接班后和交班前；检修设备专职人员每周至少对所管辖设备进行 1 次全面的巡回检查；车间负责人每月至少对生产现场、运行设备、热备用设备进行 1 次全面巡回检查。

2. 路线安排

巡检人员日常巡检路线原则上应先厂房、后户外，力求巡检路线最短化。

二、设备维护保养巡检的目的和内容

1. 目的

设备维护保养巡检的目的是使设备在可靠性、维护性、经济性上达到协调优化管理，合理延长设备检修周期、缩短检修工期、降低检修成本、提高检修质量，并使日常检修和定期检修负荷达到最均衡状态。

2. 内容

（1）日常巡检，即检查设备外观、连接部件、仪表运行是否正常，有无“跑、冒、滴、漏”问题，设备温度、振动、油位是否正常。

（2）熄灯夜巡，即定期熄灯进行夜巡，主要检查有无放电现象，接点是否发热，导体有无电晕等情况。

（3）特殊检查，即特殊情况应加大巡检频率，如大风后巡视设备及设备周围有无被大风刮起的杂物、导线是否断股、门窗是否关好；极端天气检查设备上积雪能否造成事故、设备有无发热、陶瓷部分有无裂纹、储油设备油面有无变化。

三、设备维护保养巡检的原则和方法

1. 设备维护保养的原则

设备巡检是通过预定的计划和任务，根据“五定”原则，以设备运行状态安全为目的的检查。

（1）定点：设定设备检查部位、检查项目和检查内容。

（2）定人：确定项目的实施人员。

（3）定期：设定检查的周期。

（4）定标：制定巡检、维修标准。

（5）定法：确定检查方法。

2. 设备维护保养巡检的方法

设备巡检的质量高低、全面与否，与人员的运行经验、巡视方法有直接关系。巡视检查的方法可概括为“看”“听”“闻”“摸”“查”。

（1）看

“看”是巡检最基本的方式，即目测设备看得见的部位（见图3－9），观察其外表变化来发现不正常现象，如润滑油油位、刮刀配重块位置等。

（2）听

无论是动设备还是静设备，只要在运行，大多能发出表明其运转状况的声音，如轴承、刮板、皮带、链条等。随着巡检人员经验的积累，他们通过设备运行声音的音色、节奏、大小变化及杂音的强弱用耳朵或借助听音棒（见图3－10）等工具来判断设备运行情况。

图3－9　巡检人员查看润滑油过滤器运行状态

图3－10　巡检人员用听音棒检查设备

（3）闻

鼻子对于一些气味的反应比一些检测仪器还要灵敏，如绝缘烧焦的煳味和汽油、柴油、润滑油等挥发的气味。巡检人员在一些已知无毒害区域的巡视过程中一旦嗅到此类气味，应立即寻找具体部位，结合冒烟、变色及有无异响、异状，判断严重程度，对症处理。

（4）摸

用手触摸设备来判断故障是必不可少的一种方法，如通过触摸来判断轴承部位及其他部位的温度、振动是否有异常（见图3－11），但是触摸有些部位存在烫伤、割伤、触电风险，如检查管式炉、蒸汽管道等金属外壳时，必须分清可触摸的界限和部位。明确禁止用手触试的部位坚决不能进行触试操作，明确知道不会对人体造成伤害的部位，可用手背接触。若意外触摸到不能用手触试的部位时，应避免本能应激反应的收拳、抓握等动作，以防造成更大伤害，切忌乱摸、乱碰导致误操作或人身伤害发生。

（5）查

随着技术的发展，闻、听、触的大部分应用场景已被灵敏的检测仪器取代。巡检人员巡查时可携带便携式检测设备或其他检测用品，如四合一气体检测仪（见图3－12）能及时反

图 3－11　巡检人员通过手背触摸检查设备

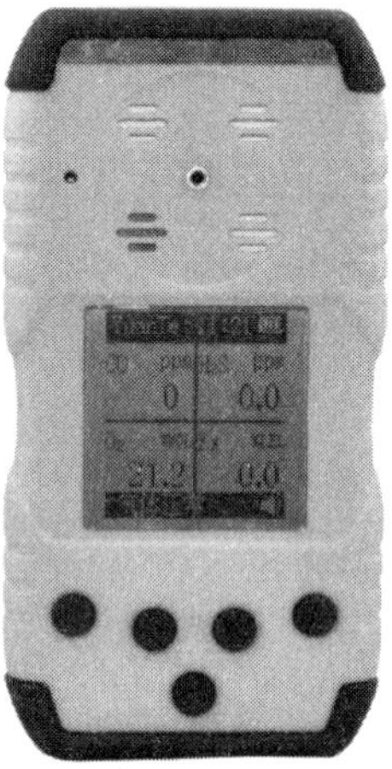

图 3－12　四合一气体检测仪

映气体异常，测温仪（见图 3－13）、测振仪等能及时发现设备过热、异常振动等情况；携带肥皂水能检查静密封设备气密性，即设备和管道、仪表风引线等有无泄漏情况。特别需要注意的是，如涉及硫化氢等有毒有害气体的工段，既要安装固定的有毒有害报警器，巡检人员又要正确佩戴硫化氢报警仪、四合一报警仪等便携设备。

四、设备维护保养巡检的管理制度

为降低设备运行故障，延长设备使用寿命，全厂设备须落实全员管理和四级点检管理。四级点检管理中一级即为设备操作使用者管理，二级为设备承包维修人员管理，三级为厂部专职点检员（维修主任）管理，四级为分管该厂设备的工程技术人员（设备主管）管理。

严格来讲，设备巡检主要由操作人员和设备管理人员负责，设备点检由检维修技术人员、设备管理人员或专门点检员进行。在实际操作中，这两项工作的检查方式、检查目标是相同的。

图 3－13　巡检人员用测温仪检查电柜

任务实施

请吸取油品车间在输送石脑油工作中的经验教训，结合车间平面图（见图 3－14）及巡检牌台账（见表 3－3），完成班组巡检工作中相关安排并组织实施。

表 3－3　某石油化工企业储运车间罐区巡检牌台账

序号	巡检牌位置	巡检牌编号	序号	巡检牌位置	巡检牌编号
1	V201 罐罐体扶手处	CYX01	9	G210 罐罐体扶手处	CYX09
2	V204 罐罐体扶手处	CYX02	10	G105 罐罐体扶手处	CYX10
3	老成品泵房内东边	CYX03	11	V302 罐罐体扶手处	CYX11
4	G201 罐罐体扶手处	CYX04	12	V307 罐罐体扶手处	CYX12
5	G207 罐罐体扶手处	CYX05	13	V404 罐罐体扶手处	CYX13
6	G104 罐罐体扶手处	CYX06	14	V407 罐罐体扶手处	CYX14
7	老催化泵房东边	CYX07	15	V408 罐罐体扶手处	CYX15
8	G302 罐罐体扶手处	CYX08	16	V102 罐罐体扶手处	CYX16

一、巡检时间和巡检路线参考

作为班长，请结合罐区平面图和巡检牌位置，结合上节课所学知识，制定储运车间罐区巡检路线。优化图示虚线路线，原路线依次经老原油区、泵房、老催化泵房、原料罐区、焦化原料罐区、渣油及 2#汽油加氢汽油焦柴罐区、调和汽油罐区、柴油罐区、成品油罐区、汽油助剂罐区、老原油罐区。

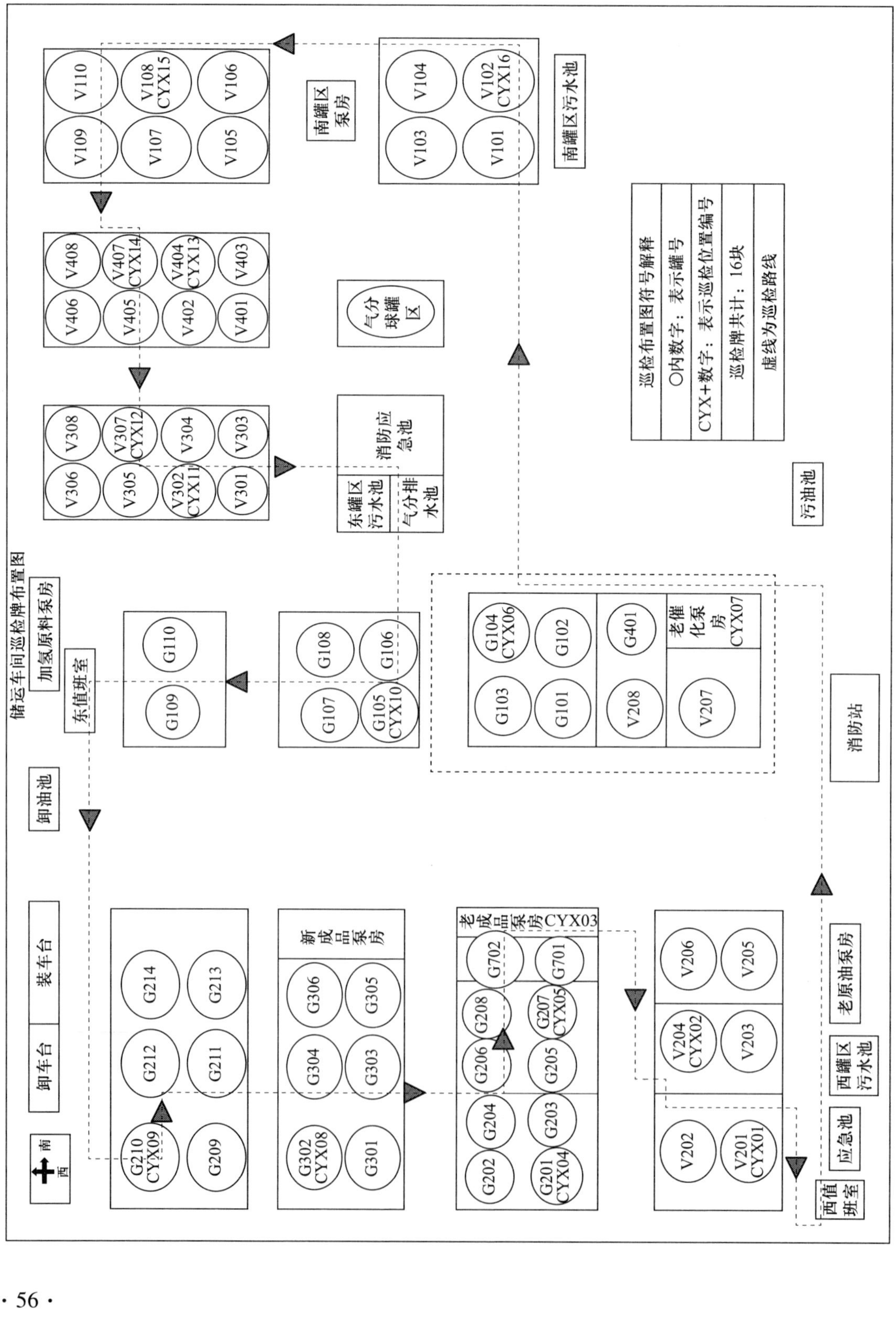

图 3-14 某石油化工企业储运车间罐区平面图

针对案例中操作班长造成损失的石脑油罐区（见图 3－14 中的虚线区域），结合管线布局（见图 3－15，12＃为石脑油进罐线），从图中找出从石脑油罐 G103（安全容量 1 065.55 m^3）输送石脑油到石脑油罐 G401（安全容量 2 208.3 m^3）的线路，并以此为例，安排设备巡检路线和时间，对管线和原料罐区内的泵房开展巡检工作。

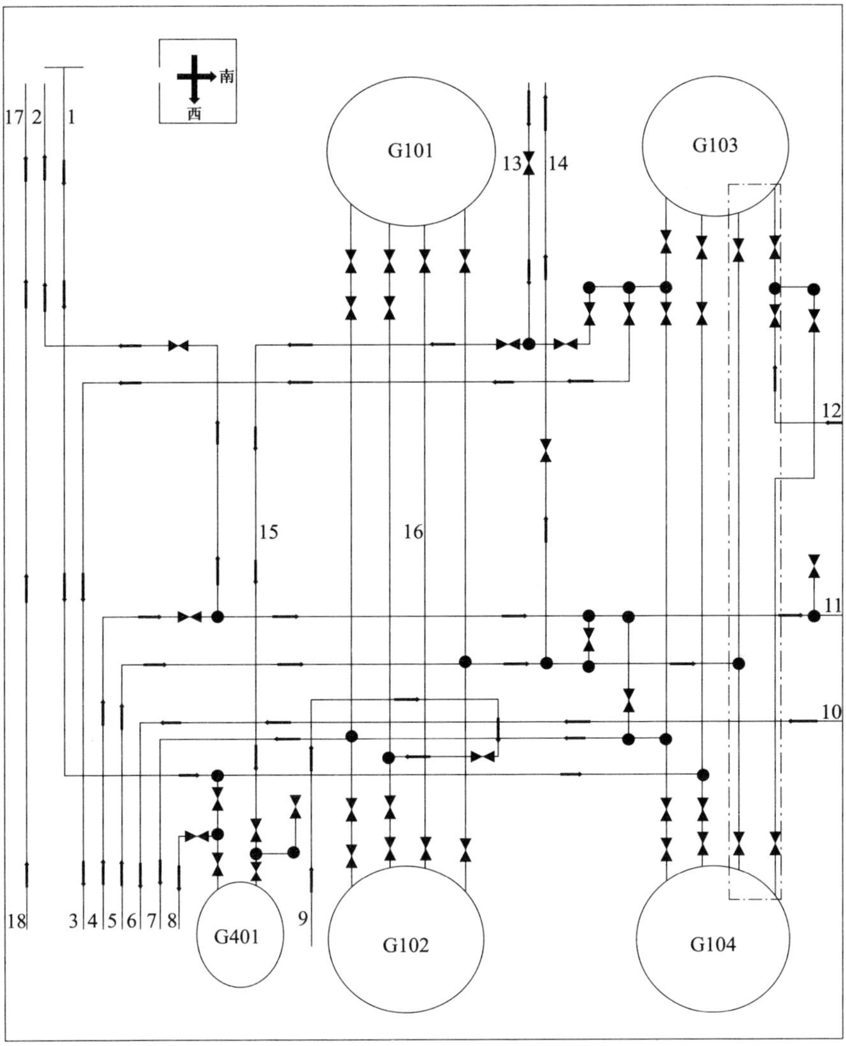

G101：石脑油罐罐体扶手处　　G104：老催化泵房罐体扶手处
G102：石脑油、芳构化油罐罐体扶手处　　G401：石脑油罐罐体扶手处
G103：石脑油罐罐体扶手处

图 3－15　石脑油罐区工艺流程图

1. 确定巡检时间

石脑油输送主要由齿轮泵完成，线路上主要有阀门、法兰等，属于 C 类设备，每班应安排 2 次巡检。

（1）夜班：01：00、08：00。

（2）早班：09：00、15：00。

（3）中班：17：00、23：00。

2. 巡检路线（以图3－15虚线框内管线为例）

老催化泵房→G104罐底阀门管线→法兰G103罐底阀门。

二、巡检内容和参考标准

巡检的检查内容主要由检查点（定点）和检查项目（定项）构成，本次设备巡检主要为泵房内机泵及相关设施和户外管线阀门，要求见表3－4。

表3－4　泵房、管线检查定点、定项、定标一览表

巡检区域	设施设备名称	检查部位	标准与要求
老催化泵房	水泵	泵体	运行不振动，轴承润滑良好
			盘根运转时不漏水
		电动机	停机时断电盘车联轴器转动灵活
			运转时无异响、无发热现象
		基座	无锈蚀、无积水、螺钉紧固
		水位及水位信号	水位指示与实际水位相同
		水位电极	电极表面无附着物或锈蚀
	水泵控制柜	指示灯开关	指示灯正常，标识齐全，开关状态正常
		参数	电压电流正常，三相电平衡
		线路	控制线路无磨损、无异味
	管路	阀门管路	无漏水、锈蚀现象
		压力表	在规定压力范围内
	水箱	加锁	无漏水、锈蚀现象
		密封	无漏水现象
	泵房环境	地漏	地漏无堵塞
		机房卫生	机房整洁干净、无异味
		设备卫生	表面清洁，无破损、锈斑、尘垢；无漏电、漏水、漏油现象
户外管线	G104阀门	本体	部件齐全无缺失、填料阀体无泄漏、法兰面无泄漏
		阀杆	丝扣完好无积灰、阀杆无弯曲
	管路	管路、法兰	不结焦、不冒烟、无渗迹、无漏痕
	三通	管路、法兰	不结焦、不冒烟、无渗迹、无漏痕
	G103阀门	本体	部件齐全无缺失、填料阀体无泄漏、法兰面无泄漏
		阀杆	丝扣完好无积灰、阀杆无弯曲

三、巩固与提升

可尝试以老催化泵房为例，按“五定原则”实施巡检并做好记录表（见表3－5）。

表 3－5　　水泵设施巡检表

序号	设施设备名称	检查部位	标准与要求	检查方法及工具	巡检周期	1	2	3	4	5	6	7	8	9	10	11	12	13	14	15	16	17	18	19	20	21	22	23	24
1	水泵	泵体	运行不振动，轴承润滑良好	听音、触摸检查	2次/班																								
			盘根运转时不漏水	目视检查	2次/班																								
		电动机	停机时断电盘车联轴器转动灵活	手动盘车检查	2次/班																								
			运转时无异响、无发热现象	听音、触摸检查	2次/班																								
		基座	无锈蚀、无积水、螺钉紧固	目视检查	2次/班																								
		水位及水位信号	水位指示与实际水位相同	目视检查	2次/班																								
		水位电极	电极表面无附着物或锈蚀	目视检查	2次/班																								
2	水泵控制柜	指示灯开关	指示灯正常，标识齐全，开关状态正常	目视检查	2次/班																								
		参数	电压电流正常，三相电平衡	目视检查	2次/班																								
		线路	控制线路无磨损、无异味	目视检查	2次/班																								
3	管路	阀门管路	无漏水、锈蚀现象	目视检查	2次/班																								
		压力表	在规定压力范围内	目视检查	2次/班																								
4	水箱	加锁	无漏水、锈蚀现象	目视检查	2次/班																								
		密封	无漏水现象	目视检查	2次/班																								
5	泵房环境	地漏	地漏无堵塞	目视检查	2次/班																								
		机房卫生	机房整洁干净、无异味	目视、嗅觉检查	2次/班																								
		设备卫生	表面清洁，无破损、锈斑、尘垢；无漏电、漏水、漏油现象	目视检查	2次/班																								
	说明	巡检正常：“√”；异常：“×”			巡检人																								

续表

	时间	巡检部位	巡检情况	巡检人	处理过程与结果	处理人	工程主管
巡检记录							

任务测评

序号	考核内容	考核标准	配分	得分
1	巡检路线	全面、无重复	10	
2	“五定”原则	完整、准确	50	
3	执行情况	执行无遗漏	10	
4	数据记录	完整、准确	20	
5	安全健康	防护描述全面	10	
总分			100	

知识拓展

红外测温仪

红外检测是一种在线监测式高科技检测技术，它集光电成像技术、计算机技术、图像处理技术于一身，通过接收物体发出的红外线，将其热像显示在荧光屏上，从而准确判断物体表面的温度分布情况，具有准确、实时、快速等优点。红外测温仪（见图3－16）正是运用红外检测的原理，即任何物体由于其自身分子的运动，不停地向外辐射红外热能，从而在物体表面形成一定的温度场，俗称热像。红外诊断技术通过吸收这种红外辐射能量，测出设备表面的温度及温度场的分布，从而判断设备发热情况。

图3－16　数字显示式、图像式红外测温仪

另外，红外热像仪等设备利用热成像技术将这种看不见的热像转变成可见光图像，使测试效果更加直观，测试灵敏度高，能检测出设备细微的热状态变化，准确反映设备内部、外部的发热情况，可靠性高，对发现设备隐患非常有效。

课后作业

一、填空题

1. 设备巡检“五定”原则是指__________、__________、__________、__________、__________。

2. 设备巡检的内容包括__________、__________、__________。

3. 设备巡检的方法可概括为________、________、________、________、________。

4. 一级点检由____________来完成，二级点检由____________完成。

二、单选题

1. 下列便携式设备巡检仪器中，用于检查设备振动情况的是（　　）。

A. 红外测温仪　　B. 听音棒　　C. 除颤仪　　D. 肥皂水

2. 下列不能用手摸的方式来检查的设备位置是（　　）。

A. 轴承座　　B. 轴承箱　　C. 蒸汽管道　　D. 循环水泵

三、判断题

1. 管道作为静设备，不需要安排巡检。（　　）

2. 对于输送硫化氢这种气味大的气体管道可采用鼻闻的方式检查泄漏情况。（　　）

3. 设备巡检可以有效预防停车维修，所以周期越短越好。（　　）

4. 为检查设备有无放电现象、导体有无电晕等情况，应定期熄灯夜巡。（　　）

四、简答题

请简述设备巡检的目的与意义。

任务三　安全环保 6S 巡检

化工企业生产过程中所用原料、中间体、产品等化学品种类繁多，生产工艺复杂，运行设备多样，所以生产现场很难长时间维持良好的状态，若工具、物品乱摆乱放，员工不遵守工艺纪律，则会极大影响生产安全，导致事故、停车，产品质量也会出现波动。企业若一味只追求经济效益，却不注重安全管理，一旦发生了生产事故，不但会造成直接的经济损失，还会造成员工伤亡、企业声誉受损、原料设备损坏、环境污染等其他损失。

安全生产的最大意义在于最大限度地限制事故发生，保障生产安全。为了达到这一目的企业就必须执行24小时巡回检查制度，而推动班组现场工作的实施离不开6S标准化管理。

学习目标

知识要求

1. 掌握　现场安全管理、环保管理和6S巡检管理的内容。
2. 熟悉　6S巡检管理的周期、要求、标准。
3. 了解　6S巡检的意义。

能力要求

1. 能按照巡检要求、目的、内容、周期、范围开展现场安全环保管理和6S巡检。
2. 能正确填写巡检检查记录表。
3. 能进行隐患排查和处理。
4. 能正确总结评价学习目标达成度。
5. 养成规范严谨的操作习惯。
6. 培养人机和谐、安全生产的意识，提高工作热情和敬业精神。

任务引入

2018年7月12日18时42分，位于四川省宜宾市江安县阳春工业园区内的某科技有限公司发生重大爆炸火灾事故（见图3－17），造成12人受伤、19人死亡，直接经济损失4 142余万元。

图3－17　7·12事故现场

事故直接原因是生产咪草烟的过程中，操作人员将无包装标识的氯酸钠当作2－氨基－2，3－二甲基丁酰胺（以下简称丁酰胺），补充投入釜中进行脱水操作。在搅拌状态下，丁酰胺－氯酸钠混合物形成具有迅速爆燃能力的爆炸体系，开启蒸汽加热后，混合物温度升高，在物料之间、物料与釜内附件和内壁相互撞击、摩擦下，引起釜内的丁酰胺－氯酸钠混合物发生化学爆炸，爆炸导致釜体解体。釜体解体释放出的高温甲苯蒸气，迅速与外部空气混合，形成爆炸性混合物并产生二次爆炸，同时引起车间现场存放的氯酸钠、甲苯与甲醇等物料殉爆、殉燃，使二车间、三车间也起火燃烧，进一步扩大了事故后果，造成重大人员伤亡和财产损失。

经查，事故发生前车间未配齐专职安全人员，未认真组织开展安全巡查工作；无安全仪表系统、可燃和有毒气体泄漏报警系统等安全设施；未对特种设备进行检测、使用登记；现场物料随意堆置，无标识；环保设施不到位，废水处理装置无法满足咪草烟和1，2，3－三氮唑生产过程中产生的废水的处理实际需求，生产废水严重积存；消防设施不到位，车间内无消火栓、灭火器材、消防标识等消防设施，防雷设施未经具备相关资质的专业部门检测验收。

2022年6月16日，甘肃省兰州市的兰州新区秦川精细化工园区某科技有限公司发生爆炸，造成8人受伤、6人死亡。事故发生地点为污水处理污泥干化车间，事故发生的原因为污泥干化暴露在空气中，粉体达到爆炸极限未及时发现发生爆炸。

请你根据所学知识，以化工企业典型污水处理生化池工段为例，查阅相关资料，制定方案，安排班组工作中安全管理、环保管理和6S现场管理及巡检，保障安全文明生产。

任务分析

通过事故分析可以发现上述第一个案例中的科技有限公司在管理上存在许多缺陷，如消防设施无法使用，导致现场无法及时开展救援；废水装置存在积水，成为事故隐患；物料无定点、无标识，导致投放错误。第二个案例的事故原因是粉尘超标但未及时发现。

这些管理失职是严重的违法行为，纵有追责，但失去的生命已永远无法挽回。那么在生产中，就应该注重按规定，科学合理地安排安全管理、环保管理和6S现场管理的巡回检查。

相关知识

一、化工班组现场安全管理

班组安全管理能有效杜绝违章作业，及时发现生产中人的不安全行为和物的不安全状态，防范事故发生，提高员工安全生产自觉性。

1. 现场安全管理的主要内容

现场安全管理主要由班组安全员执行，任务是检查各项安全规章制度的实行情况，查证各种隐患和危险要素，敦促整改。目的是从根本上杜绝违章指挥、违章作业。检查内容应本着突出要点的原则，对危险性大、易发生事故的生产系统、部位、装置增强检查。注重安全生产责任制落实情况、安全文明制度履行情况和有关方案的实行情况。在班组生产活动中除了开展班组安全活动，认真执行交接班制度，做到班前讲安全、班中检查安全、班后总结安全之外，还有以下几个方面。

（1）生产现场作业环境及厂区的安全性检查，如现场的警示警告标志、标志标牌、夜间警示红灯及各类防护措施。

（2）安全教育培训、安全措施落实情况，如检查现场工作人员劳动防护用品穿戴情况（见图3－18）。

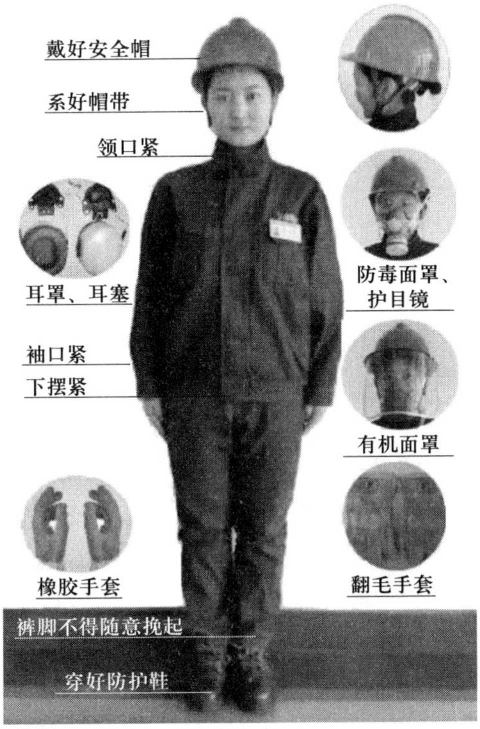

图3－18　劳动防护用品穿戴规范

（3）现场各项安全防护措施及消防设施情况，如检查现场用电、消防器材等的管理。

（4）压力容器、特种设备等运行状态（见表3－6）。

表3－6　　季铵盐车间装置日常巡查记录表

巡检时间	巡检位置	是否存在隐患	安全措施	巡检人
	软油精单元反应釜			
	软油精单元换热器			
	加氢单元反应器			
	SQ－9单元反应釜、循环泵			
	SQ－9单元换热器			
	胺醚单元反应釜、循环泵			
	1821单元氯甲烷计量罐、换热器			

续表

巡检时间	巡检位置	是否存在隐患	安全措施	巡检人
	1831 单元氯甲烷计量罐、换热器			
	氯甲烷、环氧乙烷罐区			
	甲醇、异丙醇、乙醇罐区			
	丙烯腈、硫酸二甲酯、氯化苄罐区			
	环氧氯丙烷、三甲胺、双氧水罐区			
	盐酸罐区			
	导热油系统			

（5）防毒、防火、防爆举措落实情况。

（6）高空作业审批、焊接开具动火令等规程落实情况（见图 3－19）。

图 3－19　安全员监视维修反应釜动火作业

2. 现场安全管理要求

（1）对本车间装置等开展安全巡检，做到巡检范围清晰、巡检项目明确、巡检时间频次符合要求，发现问题及时汇报，并做好相关记录。

（2）对于违章指挥、违章生产的行为，检查人员可以当面指出，立即纠正。

（3）整改完成后要及时通知有关部门人员进行复查验证。

对于已经发生的生产事故，要按照“四不放过”原则进行调查处理，接受教训，防止同类事故重复发生。

二、化工班组现场环保管理

现场环保管理能为现场巡查提供理论指导，以便加强环保现场巡查工作、加大现场巡查的深度和广度、规范现场巡查行为和程序，达到从源头上预防污染，实现清洁生产，避免发生环保事故的目的。

1. 现场环保管理的内容

（1）现场巡查废水、废气（见图3-20）、固体废料、噪声等，主要查看环境敏感区的环保工作情况和污染源排放表现特征变动情况。

（2）车间内外引流沟是否通畅。

（3）尾气、烟气处理系统是否运行异常。

（4）各原料是否入仓，仓外原料是否覆盖；投料、运转、入库范围的粉尘飘逸及处理情况。

（5）各类装过半成品或成品的包装袋的储存、再使用、处置等情况。

图3-20　管理人员巡检尾气处理装置

2. 现场环保管理要求

（1）巡检人员认真履行职责，准时上岗，遇有环境问题立即上报。

（2）现场巡查监督的时间、路线、地点等要明确，工作抓重点，责任心强，确保责任区域环境质量。

（3）保证现场巡查监督次数，提高巡查监督质量；生产区域现场巡检每天至少三次以上，同时加强节假日期间早、夜与特殊日期的现场巡查监督。

（4）如发现问题必须报告，并采样测试，拍照取证，及时整改，按期复查。

（5）详细记录现场巡查情况，认真填写现场巡查记录表。

（6）针对特殊岗位污染物排放种类多、成分复杂、数量大的特点，指定巡检负责人，定期对车间按照规定项目开展巡查。

三、化工班组6S管理

6S管理能充分发挥员工积极性、能动性，很大程度上改善办公环境和作业环境，增强员工良好习惯养成、遵守规矩、严格执行规程的意识，有助于实现人机和谐、安全生产。化工企业推进6S管理的落脚点在班组，终端是每一位操作人员。要落实6S管理，就必须充分理解6S管理的内涵。

1. 整理（seiri-sort）

区分存废与去坏留好的核心是对“必需品”和“非必需品”进行区分并处理的过程。必须明确的是，现场就是用来工作的场所，只能放置当日生产用得到的必需品。

“整理”有助于帮助操作人员为车间、操作间腾出有效空间，塑造干净的工作场所。“整理”分为区分、集中堆放、统计三个环节。

2. 整顿（seiton-set in order）

规划区域、各就各位的核心是将物品放在适当的、既定的位置，摆放整齐，标识清楚，方便使用。整顿过程中始终牢记：现场只能摆放最低限度的必需品。

“整顿”有助于帮助操作人员将安全帽、工具箱等生产资料整理得井井有条，能迅速取用，减少寻找的时间，避免工具遗失造成设备故障。“整顿”分为规划放置场所、确定放置方式、标识三个环节。

3. 清扫（seiso-shine）

化工生产中的“清扫”与生活中的“清扫”区别在于，化工生产中除了需要对现场进行打扫外，还要进行点检、紧固、润滑等必要的维修保养工作。

“清扫”有助于保持所有生产要素都处于正常、可用状态，帮助操作人员清除工作场所内的脏污，及时发现设备异常、“跑、冒、滴、漏”现象，使岗位干净整洁，设备保养完好。“清扫”的目的还在于稳定产品品质，争取零故障，并保证员工有良好的工作情绪。“清扫”分为“清扫”准备、实施“清扫”、建立标准和制度三个环节。

4. 清洁（seiketsu-standardize）

前三项“S”关注的是设备、材料和作业区域的定置管理与状态的改善，但是员工如果没有从思想上认同，没有从行为上达成标准一致，一旦松懈，前三项“S”的成果将不复存在。“清洁”就是为了维持“整理”“整顿”“清扫”的成果，实现管理的标准化、制度化。

“清洁”即为标准实施、前后一致，最初定义即为“标准化”，有助于操作人员将6S形成潜意识。实施管理必须严格遵循可复制、可重复、可定时化三要素，制定标准作业，明确“整理”“整顿”“清扫”应该做的工作，应该如何做以及要保持的状态。

5. 素养（shitsuke-sustain）

“素养”是努力提高人员的素养，养成严格遵守规章制度的习惯，以保持前四项“S”的实施成果，并进行持续改善，即“恒久维持，持续改善”。该项关注的是实施主体——人。

“素养”引入持续改善的理念，有助于操作人员提升个人品质和修养，增强遵守规章制度的意识，从而培养具备良好素质的人才，铸造团队精神。因此，“素养”是各项活动的核心。

6. 安全（safety）

“安全”的目标是消除安全隐患，落实现场安全措施，重视员工安全教育，使员工时刻铭记安全第一，防患于未然。“安全”有助于操作人员消除人的不安全行为和物的不安全状态，真正有效保障人身安全和生产正常进行，防止各类事故发生，减少经济损失。

通过进行6S标准化管理，规范工作场所、现场，营造一目了然的生产环境，会让生产活动更加快捷、有序、安全、高效，任何波动或异常将无处藏身，产生的浪费将大大减少。员工形成良好的日常行为和工作习惯，实现员工品质的提升和安全管理的提升。

6S管理包含了现场安全管理和现场环保管理等内容，标准也有相同之处。但6S往往作为一项企业内部的执行标准，只注重现场管理，却没有像现场安全管理、现场环保管理一样上升到政策和法律高度，但6S在班组层面可操作性更强。所以尽管6S与现场安全管理、现场环保管理在内容上有大量交集，但三者相辅相成、相得益彰，不能相互替代。

任务实施

图3－21所示为6 000米³/天污水处理装置平面图，结合相关知识，制定生化池－中控室部分巡检路线、巡检内容、巡检标准，并开展巡检和记录工作。

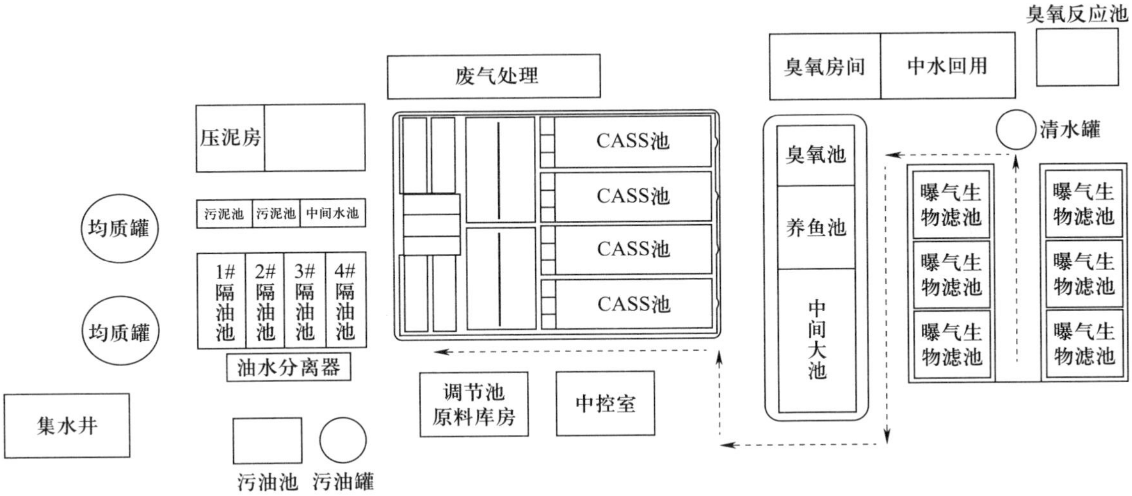

图3－21　6 000米³/天污水处理装置平面图

一、巡检时间和巡检路线建议

1. 巡检时间

一般每班2次安全巡检，以早班为例，巡检时间为09：00，15：00。

2. 巡检路线

与工艺巡检原则相同，且对于易发生安全事故、故障，易疏漏位置重点检查，即巡检路线可以确定为：曝气生物滤池1，2→曝气生物滤池3，4→曝气生物滤池5，6→臭氧池→养鱼池→中控室→调节池原料库房。

二、检查内容与标准建议

按照安全员、环保员等值班人员工作要求，结合人员、设备、环境及办公现场各项规定，制定巡检记录表（见表3－7～表3－9），开展现场、中控室等巡检工作。

表3－7　　安全巡检记录表

检查项目		检查内容	检查结果	异常描述及处置
1	安全设施	1. 自动联锁装置是否完好		
		2. 安全标志是否完整，危害告知牌是否放置在明显位置		
		3. 防爆片等安全附件是否完整、有效		
		4. 安全通道、消防通道是否畅通，消防设备是否有效		
		5. 安全防护措施是否完好，是否按要求维护保养		
2	物资	1. 应急物资、器材准备是否充分		
		2. 应急柜内物品是否清洁，数量是否与要求相符		
3	设备管理	1. 设备转动部位安全防护罩是否齐全、完好		
		2. 设备维修保养是否符合要求，润滑是否到位		
		3. 设备运行记录填写是否工整、准确		
4	人员管理	1. 管理人员是否按规定到联系点督促指导工作及解决安全生产中出现的问题		
		2. 管理人员是否督促操作人员执行和落实安全生产方针、政策、法规、制度		
		3. 操作人员是否按规定穿戴劳动防护用品		
		4. 操作人员是否按操作规程作业，是否按规定路线、频次进行巡检		
		5. 是否按制度要求对非本岗位操作人员进行管理		
5	现场	1. 现场是否整洁，沟道是否通畅，照明是否符合需求		
		2. 物品按指定区域摆放，无乱丢、乱扔现象		
		3. 车间地面无油污、积水及散落杂物		
备注			负责人	

表3－8　　环保日常巡查记录表

检查人员		检查日期			
检查项目		检查结果		存在隐患	整改控制措施
		是	否		
大气	各种废料是否集中堆放，有无封闭措施				
	作业现场是否通风良好				
	封闭空间作业场所空气含氧量是否达标				
水体	是否有防止污染土壤、水体的措施				
	是否有专人负责污水处理，污水是否达标排放				

续表

检查项目		检查结果		存在隐患	整改控制措施
		是	否		
噪声	强噪声设备是否采取消音隔噪措施				
	强噪声设备操作人员是否戴好耳塞				
	现场噪声是否达到控制标准				
固体废弃物	各类固体废弃物是否分类存放				
	危险固体废弃物是否100%回收处理				
	可回收固体废弃物处理率是否达到100%				
	一般固体废弃物是否100%分类回收				
节约	水、电使用是否有浪费情况				
	材料使用是否有浪费情况				

复查情况：

复查人：　　　　　　　　　　　　　　　　复查时间：

表3－9　　6S管理日常巡检记录表

巡检项目内容及状态	巡查记录																			
	1	2	3	4	5	6	7	8	9	10	11	12	13	14	15	16	17	18	19	20
场地不整洁																				
现场人员未使用防护用具																				
工作服穿戴不整洁																				
有物品阻碍消防通道																				
维修工具放置不规范、不整齐																				
维修工具未存放在专门的地方																				
物料房间杂乱无章、标识不清、摆放无序																				
杂物未及时清理																				
水电使用不规范，有进水漏电隐患																				
标识牌、宣传标语有损坏																				

续表

其他未尽事宜，在此单独列出	
巡查人：	巡查时间：

三、组织巡检质量评价建议

1. 按照时间节点开展相关项目的巡查工作，填写记录表。

2. 可与其他类型巡检共同开展，分工协作，班长角色参照任务一班长巡检（见表 3 -2）进行本任务巡检考核。

任务测评

序号	考核内容	考核标准	配分	得分
1	巡检时间	科学，符合生产周期	10	
2	巡检路线	合理简捷，全面覆盖	10	
3	巡检内容	全面、准确	30	
4	巡检过程及记录	正确记录，准确处置	30	
5	安全防护	个人防护准确、全面	20	
总分			100	

知识拓展

责任关怀

责任关怀是全球化学工业的自发行动，旨在促进化学品全生命周期的安全管理，在环境、健康、安全和环保方面取得卓越成效。责任关怀是基于持续改进和开放的理念，以回应利益相关方对行业运行和产品的关注。

责任关怀理念由加拿大于 1985 年提出，是全球化学工业对化学品在其整个生命周期中进行安全管理的统一承诺。不同于法律法规的强制性，责任关怀是一种新的文化、道德规范。

责任关怀提倡化工行业联合起来共同行动，回应外界对安全、健康、环保的诉求，重建化工行业合法地位。1988 年美国、欧洲采纳责任关怀理念；1989 年国际化工协会联合会成立，在全球范围内协调推广和实施责任关怀行动；1992 年联合国环境与发展大会上，责任关怀倡议得到《21 世纪议程》的认可，在亚洲、南美洲迅速发展；2002 年中国石油和化学工业协会正式在国内推广责任关怀计划；2005 年，国际化工协会联合会通过了《责任关怀全球宪章》，阐明了所有参与责任关怀计划的协会成员共同承诺和追求的全球愿景，描述了国家责任关怀项目基本特征和核心结构。

责任关怀促进了全球经济一体化进程，促进了构建和谐社会的前进步伐，促进了化学工业的绿色可持续发展。其实施准则有七项，包括社区任职准则、应急响应准则、储运安全准则、污染防治准则、工艺安全准则、员工健康安全准则、产品安全监管准则，是实施责任关怀的企业在各个方面管理工作中比较具体的要求。企业应根据这些要求制定本企业管理制度和实施计划，以保证实施准则的落实和执行。

为使化工类专业学生了解更多的社会责任和职业道德，在未来社会更具竞争力，2018 年 6 月 29 日全国责任关怀院校工作组在南京成立，山东省滨州市技师学院、江苏省南京化工技师学院、江苏省盐城技师学院作为技工院校代表，参与了发起工作。

课后作业

一、填空题

1. 现场安全管理的目的是从根本上杜绝__________、__________。

2. 环境现场管理的目的是从源头上__________，实现__________，避免__________。

3. 6S 管理分别指的是__________、__________、__________、__________、__________、__________。

4. 通过进行 6S 标准化管理，规范工作场所、现场，营造__________的生产环境，会让生产活动更加__________、__________、__________、__________，任何波动或异常将无处藏身，产生的浪费将大大减少。

二、单选题

1. 安全巡检时，遇到下列哪种情况需上前制止并要求改正？（　　）

A. 安全帽的下颏带没有扣在颏下，而是放在了安全帽内

B. 女职工把头发盘起放于安全帽内

C. 正常工作时，不打开安全帽通风孔

D. 不在安全帽上随意添加附件

2. “整理”就是区分需要与不需要，以下属于不需要物品的是（　　）。

A. 工作台　　B. 纸屑　　C. 文件夹　　D. 各种清洁工具

三、判断题

1. 夏天工作服的裤脚可以挽上去。（ ）

2. 安全巡查过程中发现的故障经专门人员维修处理后立即投入运行。（ ）

3. 为了不影响生产进度，巡查过程中发现的违章操作可以当时不制止，后期追加处罚即可。（ ）

4. 6S 管理中“清洁”指的是管理标准化。（ ）

5. “素养”是各项活动的核心，关注的实施主体是“人”。（ ）

四、简答题

查阅资料，总结对待安全事故“四不放过”原则的具体内容。

模块四

生产运行管理

为了确保生产装置安、稳、长、满、优运行，车间班组要按照规定汇报每日生产运行情况，填写生产信息及数据，做好生产运行管理，包括主要工艺条件执行和变化情况管理，非计划停车、生产异常情况，火灾、危险化学品泄漏、爆炸等事故处理，主要设备开、停车和检修处理，保证企业生产的正常运行。

任务一　工艺指标优化

学习目标

知识要求

1. 掌握　化工工艺指标异常情况处理步骤。
2. 熟悉　化工生产中主要控制指标；工艺指标优化对系统操作的重要性。
3. 了解　化工工艺指标对安全生产的影响。

能力要求

1. 能判断化工装置中的主要控制工艺指标。
2. 能对化工工艺指标进行初期处理。
3. 具有高度的责任心。
4. 具有良好的心理素质和观察力。
5. 具有良好的团队意识和沟通能力。

任务引入

甲醇合成工艺中，生产甲醇的有效原料气为 CO、H_2、CO_2，主反应为 $CO + 2H_2 =$

CH_3OH，$CO_2+3H_2=CH_3OH+H_2O$。从反应式可以看出，一个 CO 分子只需要与两个 H_2 分子结合就可以生成一个甲醇分子。在实际生产中，如果原料气中含有少量的 CO_2，可以减少甲醇合成反应中的副反应发生，但是如果加入过多 CO_2，生成物中就会有较多的水，而且每生成一个甲醇分子，就会伴随一个水分子的产生，这样会造成氢气的浪费。所以控制原料气中各成分的比例就显得尤为重要。在这里，CO、CO_2、H_2的比例就是要控制的主要工艺指标，同时反应器的操作温度和操作压力也是重点监控的工艺指标。

任务分析

化工生产具有连续性强、工艺流程复杂、操作难度大等特点。在操作过程中，工艺指标的控制是化工生产过程的关键，工艺指标波动会对产品质量、产量、设备运行，甚至安全生产造成极大的影响。而工艺指标的操作及优化主要由班组进行，班组的每一个人都应该清楚地认识到自己的操作对工艺指标的影响，从而做到人人关心生产、人人关注指标，提高工作积极性。只有使员工了解自己对企业的重要性，他们才能更加爱岗敬业。

相关知识

一、化工工艺指标的概念

化工工艺指标是指生产装置操作过程中的控制指标，其内容包括工艺运行指标、设备运行参数指标等。

化工工艺指标实行分级管理，一般由生产管理部门根据岗位操作法中的控制指标确定各岗位的工艺指标分级，一般分为三个等级：A 类指标（公司控工艺指标）、B 类指标（车间控工艺指标）及 C 类指标（一般控制工艺指标）。生产管理部门每年会根据装置工艺改造变化情况及新装置投用情况不定期对各类指标进行调整及修订。

二、化工工艺指标分级

1. 分级原则

（1）A 类指标

A 类指标是指能够直接危及生产装置安全稳定运行及最终产品质量的工艺指标，也称为公司控工艺指标。

（2）B 类指标

B 类指标是指因波动会造成 A 类控制指标有明显的变化，最终危及生产装置的安全稳定运行及产品质量的工艺指标，也称为车间控工艺指标。

（3）C 类指标

C 类指标是指 A 类指标、B 类指标以外的其他工艺指标，对装置的安全稳定运行及产品质量不会带来太大影响，也称为一般控制工艺指标。

2. 异常情况处理

对工艺指标异常情况的处理一般分为以下步骤：

（1）通过初步判断进行处理并报告

如果操作人员在认真巡检、精心操作时发现某指标异常，应迅速初步判断原因，并根据原因进行初步处理，同时报告给班长。若异常的指标为A类指标或B类指标，直接影响到产品质量或安全运行，班长应立刻汇报车间主任；若异常的指标为C类指标，班长或操作人员则可以及时优化调整，让指标尽快恢复即可。

指标异常情况汇报内容包括指标的名称或位号、异常现象、异常原因初步判断、已经采取的初步措施、采取措施后的变化等。

（2）制定纠正措施进行处理

当B类指标发生严重异常，经过初期处理仍没有恢复正常的，车间要立即组织相关技术人员召开专题会，分析造成异常的根本原因，制定纠正措施下发至班组，并监督班组严格执行，指标恢复正常后，要填写验证记录表（见表4－1）；若A类指标发生严重异常，车间经过初期处理仍然没有恢复正常的，要立即汇报相关管理部室，由专业管理部室组织人员召开专题会，制定纠正措施，车间严格执行，指标恢复正常后，要填写验证记录表。

表4－1　纠正措施验证记录表

编号：

责任部门：		日期：	年　月　日
不合格情况：			
不合格原因：			
纠正措施： 完成时间：	部门：	日期：	年　月　日
实施情况： 部门：		日期：	年　月　日
验证情况： 部门：		日期：	年　月　日

三、常见化工工艺指标异常处理

化工工艺指标的控制主要由班组人员通过操作来实施，操作人员要牢记工艺卡片及操作法中规定的工艺指标，并且严格按照操作规程执行。如果未严格执行工艺指标，会给之后的生产带来一系列的异常情况，严重时会造成工艺程序紊乱、设备故障，甚至是安全事故，所以控制工艺指标在化工生产中尤为重要。

1. 影响工艺指标的原因

（1）个别工艺指标制定不合理。

（2）操作人员责任心不强，操作不细心。

（3）操作人员操作技术差。

（4）班长业务及沟通协调能力差，不能及时有效地分析原因及处理，也没有及时汇报。

2. 重点监控的化工工艺指标异常处理

化工装置中重点监控的工艺指标一般包括温度、压力、流量、液位等指标。

（1）温度指标异常

一般需要重点监控的温度指标有反应器温度、精馏塔温度、冷凝温度、压缩机进出口温度、运转设备润滑油温度、运转设备轴承温度等指标。

1）反应器温度过高会造成催化剂烧结失效、设备损坏，严重时会造成火灾、爆炸；反应器温度过低会造成反应恶化，甚至不反应，影响产品产量，造成系统波动。所以所有反应器温度均为重点监控工艺指标，若出现异常，应及时利用反应器加热或冷却介质降温，调整反应器入口温度、反应物料配比或成分；严重时系统应紧急停车，用惰性气体进行置换冷却等措施进行调整。一旦重点监控工艺指标发生异常，操作人员要及时汇报当班班长，班长要及时汇报车间。

2）精馏塔温度过高或过低，都会对产品质量造成影响。精馏塔温度一旦偏离正常指标，操作人员要及时利用塔底蒸汽量、塔顶冷凝器冷却水量进行调整，并且及时汇报班长；若已造成产品质量不合格的，要报告车间。

3）冷凝温度过高，会造成冷凝效果差，气体中夹带液体，并对系统造成影响。当冷凝温度过高时，操作人员要及时调整冷却水量或温度，并汇报班长；若对系统造成一定影响的，要汇报车间。

4）压缩机进口温度过高，会造成出口超温，损坏压缩机活塞环、活塞等部件，造成设备损坏。压缩机进口超温一般通过增加进口或段间冷却器冷却介质流量、降低冷却介质温度、加大压缩机工作功率等措施调整，严重时系统要紧急停车，并立刻汇报班长，班长要报告至车间。

5）运转设备润滑油、轴承超温，会造成运转设备损坏。润滑油超温时要及时利用加大冷却介质流量或降低冷却水温度等措施进行调整，轴承温度高时，系统要及时停车，并汇报班长，班长及时汇报车间。

（2）压力指标异常

所有的设备及管道都不允许超压使用，一旦超压，会造成设备损坏、法兰泄漏等，严重时会造成火灾、爆炸事故。因此设备和管道内压力一旦过大，要及时按照操作规程调整，严重时系统要紧急停车，立即汇报班长，班长要立刻报告车间。

（3）流量指标异常

设备内物料流速过大，会使系统超负荷运行，从而导致产品质量不合格；若物料为易燃易爆物质，可能会造成火灾、爆炸事故。因此一旦设备内物料流量过大，要及时进行调整，并报告班长。

（4）液位异常

设备内液位过高，会造成设备压力升高、设备满液。精馏塔内液位过高，会造成塔釜温度、压力波动，严重时会影响产品质量；液位过低会造成塔釜出口泵抽空，给泵造成损坏，严重时会造成高压串低压，使低压设备超压，发生事故。在生产过程中，操作人员一旦发现液位偏离正常，要及时进行调整，并汇报班长，严重时要汇报车间。

任务实施

某化工企业一加氢反应釜温度指标超标，初步判定为反应器冷水水温过高导致。

1. 请描述反应器超温过程及现象。
2. 假如你是控制室主操，应该如何正确判断温度超标的现象及原因？
3. 假如你是班长，应该如何组织处理？

任务测评

序号	考核内容	考核标准	配分	得分
1	发现反应釜温度超标，并向班长汇报	能及时发现温度超标，并及时汇报	15	
2	判断超标原因，及时向班长说明	判断正确	25	
3	正确处理	描述完整、准确	60	
总分			100	

知识拓展

为了使员工更加关心生产运行、提高责任心，企业制作了工艺卡片来指导员工生产，各岗位员工应该熟知工艺卡片内容。工艺卡片管理一般有以下要求：

1. 工艺卡片内容：包括装置名称、原材料及指标、装置关键工艺参数指标、工艺运行指标、装置成品及半成品指标、装置消耗指标、环保监控指标、主要技术经济指标、应急处置措施等。

2. 工艺卡片来源：装置原设计的基础数据、装置改造设计（技改技措）的基础数据、装置长周期运行的限制条件、装置标定数据、产品质量指标控制、环保达标排放要求等。

3. 工艺卡片由车间技术员编写，生产管理部室审核，总工程师室批准后执行。

4. 工艺卡片原则上一年修订一次，也可以根据生产过程的实际需要及时报批修改。

5. 工艺卡片由生产技术部管理，修改指标必须经过讨论和实践检验，并按规定的审批程序和权限进行，任何人不得随意修改或违反工艺指标。修改、审批工艺指标一定要记录在档。

6. 工艺卡片在审核确认无误后，由车间打印，悬挂在操作室明显处。

7. 班组操作人员要熟知工艺卡片内容，并且掌握各指标的优化控制措施，能够及时发现指标变化并进行跟踪调整。

附表：工艺卡片

附表 1　　×××公司××车间公司控工艺指标一览表

序号	控制项目	控制指标	管控级别
1	苯脱硫入口总硫	<0.5 ppm	公司控
2	加氢反应温度	110～150 ℃	公司控
3	第一水合反应温度	110～130 ℃	公司控
4	水合反应压力	0.5～0.65 MPa	公司控
…			

附表 2　　×××公司××车间车间控工艺指标一览表

序号	控制项目	控制指标	管控级别
1	苯脱硫出口总硫	<100 ppb	车间控
2	吸附器入口温度	110～170 ℃	车间控
3	苯二塔塔顶出料中总氮含量	≤2 ppm	车间控
…			

附表 3　　×××公司××车间应急处置卡

处置步骤	处置措施	责任人	备注
接到通知，系统断电	控制室人员汇报班长，同时联系巡检人员		

附表 4　　××× 公司 ×× 车间每周一问

问题：××× 塔液位高有哪些原因？该如何处置？ 答：

课后作业

一、填空题

1. 各岗位的工艺指标分级，分为三个等级：A 类指标（公司控工艺指标）、B 类指标（车间控工艺指标）及______________。

2. 工艺指标是指生产装置操作过程中的控制指标，其内容包括______________、设备运行参数指标等。

3. 化工装置中重点关注的指标一般有温度、压力、________、液位等指标。

二、单选题

1. （　　）被列为 A 类指标。

A. 能够直接危及生产装置的安全稳定运行及最终产品质量的工艺指标

B. 波动会造成 A 类控制指标有明显的变化，最终间接危及生产装置的安全稳定运行及产品质量的工艺指标

C. 对装置的安全稳定运行及产品质量不会带来太大影响的工艺指标

D. 对装置的安全稳定运行及产品质量不会造成影响的指标

2. 工艺卡片由（　　）编写，生产管理部室审核，总工程师室批准后执行。

A. 班长　　B. 车间技术员　　C. 车间主任　　D. 车间副主任

三、多选题

（　　）是化工装置中要重点监控的指标。

A. 反应器温度　　B. 精馏塔温度

C. 压缩机进出口温度　　D. 运转设备轴承温度

四、简答题

1. 假设你是班长，当工艺指标出现波动时你会如何处理？

2. 简述总控岗位对于工艺指标超标的处理过程。

任务二　生产异常情况处理

学习目标

知识要求

1. 掌握　生产异常的主要类型。
2. 熟悉　生产异常情况处理流程；生产异常情况报告单填写。
3. 了解　常见生产异常情况的处理。

能力要求

1. 能按照生产异常情况处理流程进行生产异常情况的处理。
2. 能正确填写生产异常情况报告单。
3. 具有冷静思考和沉着应对的能力。
4. 具有良好的观察力和判断力。

任务引入

控制室主控操作人员在操作中发现主控 DCS 上引风机 J0110 停车报警，电流Ⅱ－J0110 降为 0，引风机入口压力 PI0107 升温报警，蒸汽转化炉 B0103 炉膛压力 PA0109 高报，根据工作经验判断为引风机跳车。

假如你是当班操作人员，遇到这种情况该如何处理？

任务分析

在理想状态下，班组生产会按照工艺流程及生产计划平稳有序进行。然而在实际生产过程中，经常会发生突发事件，给正常的生产带来严重的影响，这就是生产异常情况。生产异常情况会导致各级工艺指标异常、生产波动、非计划停车、安全环保事故等非正常状况，具有不可预见性、突发性和后果严重的特点。一般情况下，发生生产异常情况时，员工的处理方法是停止－呼叫－等待，那么如何正确完成这三个步骤，对生产异常情况及时响应、规范处理，这是班组人员要认真学习的。

相关知识

一、生产异常的主要类型

异常是工作生产过程中超出标准范围的事件或结果。生产异常主要指在生产过程中出现的原辅料波动、关键设备运行故障等造成生产负荷波动、产品质量波动等的异常情况。

根据产生原因，生产异常分为人员异常、设备异常、物料异常、方法异常和环境异常。

1. 人员异常

人员异常的主要表现有人员迟到早退、请假、旷工、打卡异常，人员紧缺、人员频繁调动，人员新增技能异常，安全问题等。

2. 设备异常

设备异常是指设备在使用过程中出现异常声响、异常气味、损坏，发出警报或无法进行正常生产的各种情况。设备异常的主要表现有机械故障、电气故障、动力问题、控制系统故障等。

3. 物料异常

物料异常是指生产中突然发生人为因素的差错（如误投、少投、多投、漏投物料）导致的异常。

4. 方法异常

（1）操作异常：操作人员不按工艺规程操作，造成工艺指标的异常（如反应温度、压力、反应速度异常等）。

（2）处理异常：操作人员在处理异常时所用的方法不合适而造成的二次异常。

5. 环境异常

环境异常是指在生产进行中公用系统突然中断（如突然的停电、停水、停气，极端天气、物料泄漏、原材料质量问题）而导致的异常。

二、生产异常情况处理流程

生产异常情况处理一般分为以下几个步骤。

1. 纠错并报告

操作人员通过看、听、感觉，识别出异常，立即依据操作规程视具体情况采取适当措施进行处理，并及时报告班长，班长赶赴现场并报告车间主任。如果是可能导致安全危险的重大事故，操作人员应立即采取危险解除措施，如系统停车，切断电源，紧急降低设备压力、温度，组织人员撤离等，并立即报告班长，班长立即向车间主任报告。

生产异常情况报告内容包括发生异常的时间、地点（位置或岗位）、简要经过、人员伤亡情况、设备损坏情况、岗位人员分布状况、对生产的危害情况、异常性质以及初步原因分析等。

2. 记录生产异常情况

相关人员应在生产异常情况发生后的24小时内填写生产异常报告单（见表4－2～表4－4），并分析确定异常的性质及发生的根本原因。

表4－2　　生产异常报告单

报告名称		生产线		班组	
发生日期		起止时间	自　　时　　分至　　时　　分		

续表

责任部门到场时间	产品管理部	公司办公室	生产管理部	设备部	安全环保部
异常情况描述	（必须包含问题的详细信息，如时间、地点、经过、异常发生的原因，描述应客观科学，避免使用形容词）				
紧急对策	（采取的纠正性行动：1. 根据规定的流程立即采取的纠正性行动，包括从发现异常到恢复生产所采取的全部行动；2. 要在每项行动前标明具体时间，用来反映管控异常响应速度）				
原因分析及处置措施	（找到根本原因有助于制定出最有效的对策并防止问题的再次发生，如制定一个规程并对所有操作人员进行培训）				
与会人员签名					

表 4－3　　安全设施异常情况记录表

日期	名称和位置	出现异常时间和恢复正常时间	异常原因和处置过程	岗位人员签字	修复人签字

填写说明：为提高公司的安全水平，现各装置区域设置了相应的安全设施（其中包括物联网、有毒可燃气体报警器、紧急停车系统、独立安全仪表系统工艺连锁等），为保持各设施运行稳定，各岗位应加强日常巡查，发现上述设施异常时必须立即进行处理，不能立即恢复的要及时联系相关人员到场处理，并将整个过程准确记录。各装置区域要进行检修或调试，可能造成设施运行异常时，应提前汇报分厂、调度室和安全环保部，便于安全环保部提前向相关部门汇报。

表 4－4　　生产岗位工艺报警处置记录表

日期	报警项目	报警原因分析	处置结果	处置人签字	备注

填写说明：本记录由当班报警处置人员填写，记录公司控制指标报警处置的过程。“报警项目”栏填写报警指标名称、报警时数值；“处置结果”栏填写报警处置情况，对于无法及时处置的情况需写明原因；“处置人签字”栏填写处置人员姓名、签字时间。

三、常见生产异常情况处理方法

1. 在生产过程中，某设备损坏、某部分电气设备的电源发生故障、某一个或多个仪表失灵（含监测仪表），可能造成生产装置的局部紧急停车。

若处理生产异常情况的过程中无须取出物料且维修对产品质量无不良影响，不存在安全风险，短时间内可以修理好，当班班长告知车间主任后，车间主任通知设备维修人员迅速进行修理，修理好后应继续进行生产。

若处理生产异常情况的过程中需停止生产、存在安全和环境污染风险或可能影响产品质量时，班长应立即报告车间主任，车间主任赶赴现场，根据现场情况组织相关部门制定检修方案后，方可进行检修作业。

2. 生产中突然发生人为因素的差错（如误投、少投、多投、漏投物料）或工艺指标出现异常时（如反应温度、压力、反应速度异常），班长组织操作人员按操作规程进行处理，并立即向车间主任及厂调度室汇报。车间主任应及时赶赴现场组织人员进行处理，厂调度室当班人员应随时掌握相关处理情况。

3. 生产进行中公用系统突然中断时（如突然的停电、停水、停气），可能导致全面紧急停车。操作人员要尽力保护好设备，防止事故的发生或扩大，班长立即向车间主任报告，车间主任赶赴现场并通知相关部门尽快采取措施解决。

（1）漏电异常情况处理

值守人员或现场工作人员一旦发现漏电，如已产生电火花，应迅速大声使用对讲机通知“马上断电”，在保护好自身安全情况下立即关闭电源。

如现场已起火，现场人员除一人通知班长，其余人员应迅速采取灭火措施。非现场人员听到呼喊，应立即携带灭火器增援。

如发现漏电但并未产生电火花或起火，也应立即通知班长进行处理。

（2）停电异常情况处理

一旦停电，相应的值守人员或现场工作人员应迅速关闭可能产生水倒吸的管道阀门，防止因水倒吸造成产品的污染。

如停电对已开始的生产会造成影响，相应的工作人员应进行相应的处理。

关闭一切电源开关，防止突然来电造成事故。

4. 燃烧和爆炸异常情况处理

当生产现场发生燃烧和爆炸时，现场人员要立即向班长报告，同时全力灭火。

在火势较小时，要首先截断能够进一步扩大燃烧范围的途径，防止爆炸，如覆盖装有溶剂的容器、停止加料、阻止溶剂流动、隔绝空气等。

火势太大时要立即拨打“119”，向消防部门求助。

5. 气体（液体）泄漏的异常处理

现场人员发现气体（液体）泄漏时应根据现场情况做好个人安全防护并立即向班长报告。班长接到报告后立即向车间主任、总调度室、救护中心报告。救援人员在做好个人安全防护后赶赴现场切断泄漏源，组织人员疏散，并设置警戒线。若现场情况紧急，救援人员应立即采取危险解除措施，如系统停车，切断电源，紧急降低设备压力、温度，组织人员撤离等，或启动相应等级的应急预案。

液氨泄漏事故应急救援预案：

液氨泄漏时，泄漏处会冒出大量的烟雾，并伴有强烈的刺激性气味；泄漏处的设备、管线发冷，严重结冻。现场人员发现液氨泄漏应当立即报告当班班长，并采取一切办法尽快关闭泄漏处的阀门。当班班长接到报警后立即报告当班调度和车间主任，通过广播启动应急预案并迅速赶往事故现场组织当班相关人员进行应急救援；当班调度接到报警后立即报告总经理、副总经理、总工程师、生产厂长、生产部长，并组织当班有关人员进行应急救援。总经理接到报警后应赶赴事故现场，根据事故状态决定是否成立应急救援指挥部，向政府报告事故情况，并指挥各有关部门和救援队进行现场应急救援。

（1）现场应急救援措施

1）将现场人员疏散至上风口处隔离，直至泄漏处已被控制住并且泄漏的气体散尽。

2）切断火源，必要时切断污染区内的电源，开启室外消防系统进行喷淋。

3）切断气源，稀释管道中的残余气体，再由泄放管路排尽。

4）在泄漏区严禁使用能够产生电火花的工具和机动车辆，严重时还应禁止使用通信工具。

5）进入事故现场的救援人员应佩戴防寒手套和液氨专用防毒面具，并找出事故发生的原因。

6）现场人员应沿着逆风方向撤离，并用湿毛巾、口罩或衣物捂住口鼻。

7）应立即将中毒人员送往通风处进行紧急抢救。

（2）中毒人员急救措施

1）将中毒人员转移到空气流通处。

2）拨打“120”或者其他急救医疗服务中心电话。

3）如果中毒人员停止呼吸，应立即进行人工呼吸。如果中毒人员吸入或食入氨气，不要施行口对口人工呼吸，要佩戴单向阀袖珍式面罩或其他合适的医用呼吸器辅助进行人工呼吸。

4）如果中毒人员呼吸困难应给予吸氧。

5）脱去被污染的衣服和鞋子。

6）皮肤或眼睛不慎接触到该物质应立即用清水冲洗至少 20 分钟。

7）为中毒人员提供温暖和安静的环境。

8）接触或吸入氨气可能发生迟发性反应，因此应密切观察接触到该物质人员的身体情况。

任务实施

某石化公司蒸馏车间在进行生产时，当班外操在例行巡检中发现一套常减压装置附近有大量刺激性白色烟雾，地面上有大量的黄色液体，初步判定为酸罐泄漏。

1. 假如你是巡检人员，应如何正确判断是什么物质发生了泄漏?

2. 假如你是巡检人员，如何正确处理泄漏情况?

3. 假如你是班长，接到上述生产异常情况报告，该如何组织处理?

任务测评

序号	考核内容	考核标准	配分	得分
1	酸罐泄漏现场描述	描述正确	20	
2	巡检人员判断泄漏部位	判断正确	20	
3	巡检人员汇报	汇报正确	20	
4	班长组织处理	按生产异常处理流程处理	40	
总分			100	

知识拓展

巡检机器人作业识别生产异常

利用机械化、自动化技术替代人工作业，消除人员暴露在危险环境中以及人为误操作带来的安全风险，提高企业本质安全水平和安全生产科技保障能力，这是对化工生产企业提出的新要求。下面介绍巡检机器人作业在生产异常情况识别中的运用。

1. 采集视频图像

巡检机器人上搭载的红外热成像仪能够采集车间设备、线缆、管道等图像信息，传输至远程上位机显示并储存。通过对图像的浏览分析，再结合图像识别技术对巡检区域的指针表计、数显表、翻版液位计、轴承油位、电气开关和阀门位置等数据信息，确定开合闸状态、指示灯状态、设备是否存在异常、设备损坏程度、故障位置等。巡检机器人基于高清巡视与视频智能分析算法，实现动物闯入、人员聚集、人员徘徊、越界侦测、区域入侵等异常行为预警。

2. 采集声音功能

若被监测设备运行过程中设备出现故障，故障部位往往产生较明显的异常声音。巡检机器人通过对采集到的声音进行自动分析，判断设备是否异常，从而能够及时发现故障，避免故障进一步扩大。

3. 多要素监测

巡检机器人本体支持搭载多种温湿度、气体、烟雾等检测设备，对环境中的 CO、H_2S、CH_4、O_2、粉尘等进行监控。

4. 异常报警和自动泄漏检测

若环境内气体浓度出现异常，巡检机器人会及时报警，并有效联动环境辅助系统对现场环境进行监测。

设备运转过程中设备的故障点会存在局部温度过高的现象，巡检机器人会通过红外温度传感器迅速检测发现损坏设备的位置，同时可遥控指向测温仪准确采集被检测物体温度。

巡检机器人还可以实现对现场管道、储罐是否有“跑、冒、滴、漏”的自动检测。

课后作业

一、填空题

1. 异常是指______________________________。

2. 生产异常分为人员异常、__________、__________、__________、__________。

3. 生产异常情况的处理流程为____________、____________。

4. 现场人员发现气体（液体）泄漏时，应根据现场情况做好________________后赶赴现场切断____________，组织人员疏散，设置____________。

二、单选题

1. 异常情况发生后，要立即进行报告，报告的内容不包括（　　）。

A. 时间　　B. 地点

C. 详细经过　　D. 人员伤亡程度

2. 操作人员不按工艺规程操作，造成工艺指标出现异常，属于（　　）。

A. 人员异常　　B. 操作异常　　C. 物料异常　　D. 设备异常

3. 下列选项中，不属于生产异常报告填写内容的是（　　）。

A. 详细描述异常情况　　B. 48 小时内完成填写

C. 紧急对策　　D. 异常原因分析及处置措施

三、判断题

1. 发生异常时，首先考虑生产、设备、建筑、财物等的安全，再考虑人员的安全救护、疏散。（　　）

2. 发生异常事故时，当班班长要立即安排对现场环境进行全面检查，依据规程进行处理。（　　）

3. 发生异常事故所采取的隔离等紧急措施，事后恢复时一定要注意解除。（　　）

4. 异常第一发现人应第一时间向部门负责人反映，以便异常能及时得到处理。（　　）

5. 首先发现异常情况的班组员工，原则上应在第一时间通知班长，并逐级上报，如情况紧急，可越级上报。（　　）

6. 操作人员能够自行处理的生产异常情况可以不用上报。（　　）

四、简答题

1. 要做好异常情况处理，对一般操作人员的基本要求是什么？对班长的要求是什么？
2. 结合化工工艺专业课程的学习，总结化工生产中常见异常情况的处理。

任务三　检维修处理

学习目标

知识要求

1. 掌握　检维修的定义和分类；检维修的“五定”原则。
2. 熟悉　工艺装置停产（车）检维修前准备；八大检维修作业票（证）的填写要求。
3. 了解　检维修前（后）生产车间（班组）安全风险防控。

能力要求

1. 能按照要求完成检维修前准备。
2. 能正确填写作业票（证）。
3. 具有高度的责任心。
4. 具有安全意识和自我保护意识。
5. 具有良好的语言表达和沟通交流能力。

任务引入

2015 年 8 月 15 日 11 时左右，湖北某有限公司合成中心压缩工段静电除焦 B 塔在停车检修作业过程中发生闪爆，造成 2 人死亡。这起事故暴露出该公司安全意识薄弱、安全管理混乱、操作规程落实情况差、违章进行检修作业等问题。

任务分析

受工艺条件限制，化工设备、管道、阀件、仪表等在运行中易受到腐蚀和磨损，生产设备到一定周期就要进行检维修。同时设备在运行过程中也可能会发生异常情况，需要临时进行维修或抢修。

检维修作业是化工企业生产过程的重要环节，也是事故多发环节。生产装置在停车、检维修、复工过程中最容易发生事故。据统计，某公司发生的重大事故中，检维修过程的事故占总事故数的 42.63%。所以化工企业必须严格遵守检维修工作的各项规章制度，如作业票证审批制度、安全监护制度、防火安全制度等。

相关知识

一、检维修的定义和分类

设备检维修是指为了保持和恢复设备和设施规定的性能而采取的技术措施，包括检测和修理。

化工装置和设备的检维修分为计划检维修和非计划检维修。

1. 计划检维修

根据计划检维修内容、周期和要求不同，计划检维修可分为小修、中修、大修。大多数合成氨厂每月进行 1 次停车检维修，每年进行 1 次大修。

2. 非计划检维修

非计划检维修也称为计划外检维修，是当设备运行过程中突然发生故障或事故时，必须进行的不停车或停车检维修。这种检维修是突发的，无法预先安排检维修计划，而且要求检维修时间短、检维修质量高，但检维修的环境及工况复杂，因此检维修难度较大。

二、检维修的“五定”原则

化工装置检维修具有复杂、危险性大的特点，主要危险因素有易燃、易爆物质，有毒气体，高处坠落，物体打击，机械伤害，触电，辐射，环境污染等。因此，在检维修过程中必须严格遵守检维修“五定”原则，即定检维修方案、定检维修人员、定安全措施、定检维修质量和定检维修进度。

三、工艺装置停产（车）检维修前准备

充分的准备工作是实现安全检维修的前提，检维修人员在检维修前，应与生产车间办理检维修设备设施、工艺等交付手续，双方签字确认后，方可进行检维修作业；同时，车间班组人员要配合做好以下准备工作。

1. 停车确认

严格按照审批后的停工方案停工，停工过程的每一关键步骤都有专人负责确认。

2. 回收危险物料

易燃、易爆、有毒、腐蚀、污染性物料按规定回收或排放。

3. 置换彻底

按停工规程将工艺管道、反应塔、容器、加热炉、机泵、换热器等设备内部介质全部消除，并按规程要求完成相应的吹扫、热水蒸煮、酸碱中和、化学清洗、氮气置换、空气置换等处理。

4. 有效隔离

必须按隔离方案完成交检装置与公共系统及其他装置彻底隔离；隔离方案与现场一致，加盲板部位必须设有“盲板禁动”标识，并指定专人负责盲板管理、盲板装拆，编号登记。

5. 采样分析

若罐、反应釜等设备内残留有毒有害、易燃、易爆等物质，应按规定时间进行通风至采样分析合格。

6. 对排水系统进行有效封堵

下水井及地漏系统用石棉布、细土封堵，或用水泥抹死；无存油的地沟要灌清水；不要将 Y 型地漏的放空管线与漏斗封闭在一起。

7. 安全警戒

对检维修现场的坑、井、洼、沟、陡坡等应填平或铺设与地面平齐的盖板，也可设置围栏和警告标志，并设夜间警示红灯；对检维修现场的爬梯、栏杆、平台、井盖等要进行检查，确保安全可靠。

8. 断电通知及标识

若机泵等用电设备需要全部断电，应提前通知生产车间，未断电的设备要做好标识和防护。

四、检维修后安全管理要点

1. 检维修作业完毕后，恢复现场临时拆除的安全设施。

2. 将检维修作业用的电焊机、氧气乙炔瓶、脚手架、临时电源、临时照明设备等工具及时带离现场。

3. 将废料、杂物、垃圾、油污等清理干净。

4. 检维修人员应与生产车间办理检维修设备设施交付手续，双方签字确认后，方可离开检维修作业现场。

五、 安全作业票（证）

为了保证检维修作业和生产的安全顺利进行，保障检维修人员的生命安全和身体健康，凡需进行设备检维修、动火、登高、进入受限空间、动土、抽堵盲板、吊装作业和临时用电八大作业时，都必须办理相应的作业票（证），作业票（证）经审批合格后，方可持票（证）进行作业。计划检维修中的大修、中修项目的作业票（证），应在检维修三日前上报主管部门审批，以利于落实安全措施。作业票（证）由作业人员随身携带，以供检查和管理。

1. 作业票（证）分类

（1）设备检维修作业票（证）。

（2）动火作业票（证）。

（3）登高作业票（证）。

（4）进入受限空间作业票（证）。

（5）动土作业票（证）。

（6）抽堵盲板作业票（证）。

（7）吊装作业票（证）。

（8）临时用电作业票（证）。

2. 作业票（证）参考实例（见表4－5～表4－7）

表4－5　设备检维修作业票（证）

检维修设备名称					填写人	
检维修单位					监护人	
检维修地点						
检维修内容						
检维修人员						
作业时间	年　月　日　时　分至　年　月　日　时　分					
采样分析	采样时间	检测时间	氧气含量	可燃气体含量	有毒气体含量	分析人签名
相关作业票（证）编号						
主要安全措施						确认人
1. 检查使用专业检测工具						
2. 切断检维修设备电源，在电源开关上悬挂“禁止启动”的安全标识，并加锁						
3. 设备应经过置换、吹扫、蒸煮处理						
4. 所有与检维修设备有联系的阀门、管线加盲板隔离						
5. 检维修人员配备相应的劳动防护用品						
6. 清理检维修现场的杂物，保持通道畅通						
7. 夜间作业现场照明充足						
8. 其他补充安全措施						
9. 危险因素识别						
施工单位负责人意见： 签名：		安全部门负责人意见： 签名：		车间负责人意见： 签名：	厂领导审批意见： 签名：	
完工验收时间	年　月　日　时　分			验收人签名：		

表4－6　动火作业票（证）

申请单位		申请人		作业证号	
动火作业级别			动火地点		
动火方式			动火作业负责人		
动火时间	年　月　日　时　分至　年　月　日　时　分				
动火人		特种作业工种		特种作业证件号	
动火人		特种作业工种		特种作业证件号	
动火人		特种作业工种		特种作业证件号	

续表

动火分析时间	年 月 日 时	年 月 日 时	年 月 日 时
分析点名称			
分析数据			
分析人			
涉及的其他作业		安全教育人	
危险标识			

主要安全措施	确认人
1. 动火设备内部构件清理干净，蒸汽吹扫或水洗合格，达到动火条件	
2. 断开与动火设备相连的所有管线，加盲板（/）或断开管线（/）	
3. 动火点 10 米范围内及动火点下部区域严禁同时进行可燃溶剂清洗和喷漆作业；在受限空间内进行动火作业，需要临时用电时，不得同时进行刷漆、喷漆作业，使用可燃溶剂时也不可进行其他可能散发易燃气体、可燃气体的作业	
4. 动火点周围的下水井、地漏、地沟、电缆沟等已清除易燃、易爆物，并已采取覆盖、铺沙、水封等手段予以封闭	
5. 动火点周围易燃、易爆物已清除	
6. 罐区内动火点同一围堰内和防火间距内的储罐不同时进行脱水、排凝等作业	
7. 距动火点 30 米内严禁排放可燃气体，15 米内严禁排放各类可燃液体	
8. 电焊回路线应接在焊件上，把线不得穿过下水井或与其他设备搭接	
9. 高处作业已采取防火花飞溅措施	
10. 乙炔气瓶（直立放置）、氧气瓶与火源间的距离大于 10 米，二者间距不应小于 5 米	
11. 现场配备消防蒸汽带（1）根，灭火器（2）台，铁锹（/）把，石棉布（1）块，以及其他个人防护设施	
12. 其他安全措施：现场作业人员正确穿戴劳动防护用品，使用防火毯防止焊渣、火花飞溅	

监护人：	工种：	生产单位负责人：	相关单位监护人：	工种：

申请单位意见 签字： 年 月 日	相关单位意见 签字： 年 月 日
生产（技术）部门、设备（工程）部门意见 签字： 年 月 日	安全管理部门意见 签字： 年 月 日

续表

企业负责人意见 签字：　　　　年　月　日					
岗位当班班长意见 签字：　　　　年　月　日					
完工时间		申请单位		动火单位	

表 4－7　　　　盲板抽堵作业票（证）

申请单位				申请人				作业票（证）编号				
设备管道名称	介质	温度	压力	盲板			实施时间		作业人		监护人	
				材质	规格	编号	堵	抽	堵	抽	堵	抽
作业指挥人												
作业负责人												
涉及的其他特殊作业												

盲板位置图及编号：

安全措施	确认人
1. 在有毒介质的管道、设备上作业时，尽可能降低系统压力，作业点为常压	
2. 在有毒介质的管道、设备上作业时，作业人员穿戴合适的劳动防护用品	
3. 在易燃易爆场所内作业时，作业人员穿防静电工作服、工作鞋；作业时使用防爆灯具和防爆工具	
4. 在易燃易爆场所内作业时，距作业地点 30 米内无其他动火作业	
5. 在强腐蚀性介质的管道、设备上作业时，作业人员已采取防止酸碱灼伤的措施	
6. 介质温度较高、可能造成烫伤的情况下，作业人员已采取防烫措施	
7. 同一管道上不能同时进行两处以上的盲板抽堵作业	
8. 其他安全措施	

安全教育人	

续表

生产车间（分厂）意见 签字：　　　　年　　月　　日
作业单位意见 签字：　　　　年　　月　　日
审批单位意见 签字：　　　　年　　月　　日
盲板抽堵作业单位确认情况 签字：　　　　年　　月　　日
生产车间（分厂）确认情况 签字：　　　　年　　月　　日

任务实施

某公司在三胺生产装置区进行天然气泄漏联合救援演练

为有效增强全员安全生产意识，提高队伍应急处置能力，某公司于近日开展了三胺生产装置区天然气泄漏联合救援演练，全面提升了各岗位人员的整体素质和应急能力。此次演练的泄漏点为天然气缓冲罐排污阀，此点天然气泄漏量大、危险性大，公司紧急启动了公司级事故应急救援预案，开展应急处置。首先确认有无工作人员伤亡，在无人员伤亡的情况下，需泄压更换阀门。现场总指挥下令进行系统停料处理，命令调度室停止向三胺输送尿液、天然气，所有现场人员禁止使用手机、金属工具，杜绝可能产生火花的行为。抢险救援组进入现场，更换阀门，试漏正常后，险情得到有效控制，在监测天然气浓度降为 0 ppm 后，应急救援终止，警戒解除，生产恢复，此次演练圆满结束（见图 4－1～图 4－3）。

图 4 - 1　泄漏现场处理演练

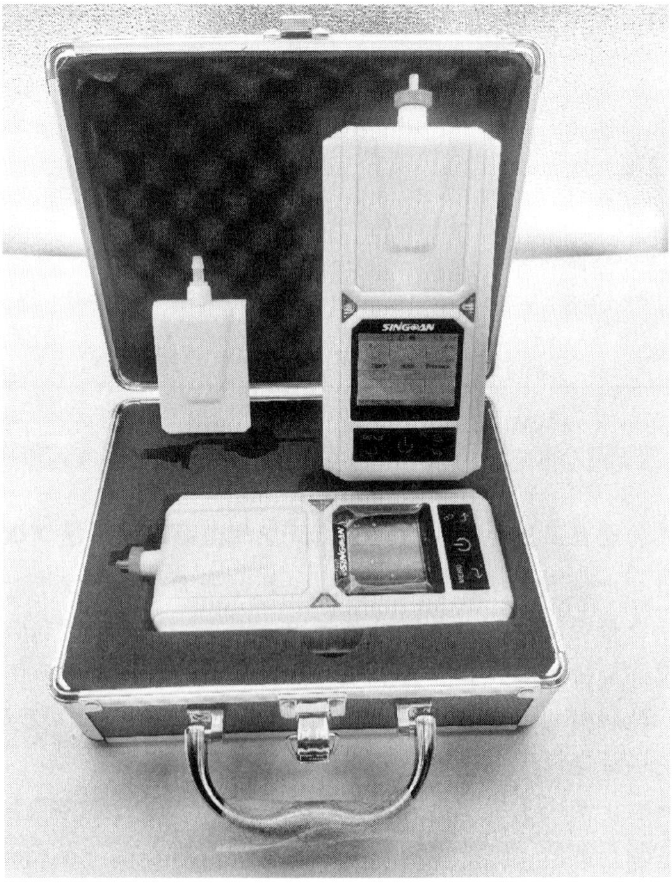

图 4 - 2　便携式多气体检测仪

图 4－3　防爆对讲机

请根据上述实施任务要求，应用巡检、异常情况管理、检维修管理等相关知识，以小组为单位，分角色开展救援演练。

任务测评

序号	考核内容	考核标准	配分	得分
1	EHS 要求	劳动防护用品穿戴不合格（一项扣 5 分）	20	
2	现场的处理	处理环节遗漏、有错误（遗漏扣 5 分，有错误扣 10 分）	50	
3	解除后的处理	处理环节遗漏、有错误（遗漏扣 5 分，有错误扣 10 分）	20	
4	小组总结	实事求是总结演练效果，并分析存在的问题	10	
总分			100	

知识拓展

检维修过程中的安全管理

1. 电气焊等特种作业人员必须持证上岗；现场作业监护人员必须经过培训合格后，方可进行现场监护。

2. 劳动防护用品佩戴规范。所有参检人员必须按照相关规定佩戴安全帽、防护眼镜、防护手套，穿工作服、防护鞋，电焊工必须穿戴绝缘手套、绝缘鞋等。

3. 安全培训及现场交底。作业前必须对动火人员和动火监护人进行安全教育，根据现场情况进行安全交底，使其了解现场情况，清楚检维修作业活动潜在的风险后，方可进行检维修作业。

4. 规范作业票（证）管理。

5. 作业现场分析。检维修涉及的动火、进入受限空间等作业，应进行动火分析，可燃气体浓度、有毒有害气体浓度及氧含量检测，检测合格方可作业。

6. 严格落实“三不动火”等原则。“三不动火”是指没有动火作业票（证）不动火，动火监护人不在现场不动火，防火措施不落实不动火。

7. 受限空间作业须指派至少一名接受过专业培训的监护人，明确其监护和救援职责。作业前，应打开人孔、手孔、料孔等与外界环境相通的孔洞进行自然通风，保持受限空间内空气流通良好；在有易燃易爆物质存在的受限空间内作业，应使用防爆设备和工具；停止作业期间，应在受限空间入口处增设警示标识，并采取防止人员误入的措施；作业结束后，应将工具带出受限空间。

8. 工具规范使用。

课后作业

一、填空题

1. 化工装置和设备的检修分为__________检修和__________检修。

2. 计划检修可以分为小修、__________和大修。一般大多数化工企业厂每月进行 1 次停车检修，每年进行 1 次大修。

3. 常用八大检维修作业票（证）分别是__________作业票（证）、__________作业票（证）、__________作业票（证）、__________作业票（证）、__________作业票（证）、__________作业票（证）、__________作业票（证）、__________作业票（证）。

二、单选题

1. 检维修的“五定”原则不包括（　　）。

A. 定检维修人员　　B. 定检维修方案

C. 定检维修进度　　D. 定设备设施

2. 以下属于检维修过程中安全管理的是（　　）。

A. 作业前进行安全交底　　B. 作业现场分析

C. 清理废料、杂物、垃圾、油污等　　D. 规范作业票（证）管理

3. 在受限空间作业时，以下做法错误的是（　　）。

A. 作业前进行可燃气体浓度、有毒有害气体浓度及氧含量分析

B. 工具可以留在受限空间以便下次使用

C. 保持作业空间空气流通

D. 使用防爆设备和工具

三、判断题

1. 检维修人员试车后要观察一会儿，确认无问题后才能离开现场。（　　）

2. 检维修人员进行检维修作业时应配备相应的劳动防护用品。（　　）

3. 不停车的情况下进行局部检修或抢修时，也应按有关要求进行安全交接。（　　）

4. 单体设备检维修的，车间必须确定一名专业负责人在场，参与检维修的人员没有全部撤离现场，现场监护的专业负责人不得离开。（　　）

四、简答题

1. 在设备检维修前，班组人员需要配合检维修完成哪些准备工作?

2. 检维修过程中有哪些安全管理工作?

任务四　系统开停车

学习目标

知识要求

1. 掌握　开停车处理程序。

2. 熟悉　开停车准备工作；开停车的基本步骤。

3. 了解　开停车对系统操作中存在的安全风险。

能力要求

1. 能够正确按照操作票完成开车准备工作。

2. 能够按照操作票进行开停车操作。

3. 具有高度责任心。

4. 具有良好的心理素质，遇到问题能够沉着应对。

5. 具有良好的观察力、判断力和处理能力。

6. 具有良好的团队意识和语言表达能力。

任务引入

某装置建设完成，进入开车程序，需要对装置内管道、设备进行吹扫、气密性试验，完

成单机设备试车、系统联动试车、仪表调试、电气条件测试后，进入开车阶段。

任务分析

化工生产中，装置的开停车操作是衡量操作工人水平高低的重要标准。化工装置开停车进行的好坏，直接影响生产运行，因此化工装置开停车是生产操作中最重要的环节，也是车间班组操作的重点。

化工装置基建完成后的第一次开车称为原始开车，系统原始开车一般按照四个步骤进行：开车前的准备工作，单机试车，联动试车，化工试车。

化工装置在遇到系统故障、冷却水中断、仪表空气中断、起火、爆炸、系统检修等情况时，需要进行停车。停车分为短期停车和长期停车。

根据美国化学品安全委员会统计，开车期间发生的安全事故约占总安全事故的8%。而开车阶段的时间占装置运行总时间的比例很低，也就是说在单位时间内，开车期间的事故率要远远高于正常生产期间的事故率，而且事故的后果往往也非常严重。所以系统开停车必须严格按照操作规程进行操作，防止事故发生。

相关知识

一、化工装置原始开车必备条件

化工装置原始开车必备条件包括单机试车、中间交接、联动试车、投料试车、系统考评。

1. 单机试车

单机试车是对化工装置中的所有运转设备（如压缩机、泵、风机、搅拌器等）的机械性能进行的初步检验。单机试车的目的在于尽早发现设备在设计、制造或者安装过程中存在的缺陷，以便及时采取相应措施给予消除缺陷，从而保证系统开车能够顺利进行。

2. 中间交接

中间交接只适用于新建化工装置，也包括装置大修中新增加的设备。中间交接在单机试车、系统吹扫和清洗完成后进行。

3. 联动试车

系统联动试车包括系统置换、气密性试验、干燥、填料和三剂（催化剂、干燥剂、化学试剂）装填、加热炉烘炉、循环水系统预膜等，最后在系统充入假定介质（如水、油等），使系统设备进行一定时间的联动运转。充入的假定介质尽量与正常生产所用的实际介质性质相近。

4. 投料试车

投料试车是整个原始开车过程中最关键的阶段。在投料试车阶段，化工装置中会被投入生产物料，且生产物料在装置中开始发生化学反应，此时设备或管道内温度、压力、流量、流速、液位等主要操作参数逐渐接近或达到设计值，所有设备均将接受实载负荷考验。

5. 系统考评

系统考评是在设计规定的条件下，全面检验整个化工装置的工程质量和工艺、设备的特性，确定该化工装置各项指标是否能够达到设计值或合同保证值，为最后的工程竣工验收提供依据。一般情况下化工装置需要连续运行72小时或168小时进行考评。

二、系统开车前准备工作

系统开车前的准备工作必须包含以下内容。

1. “三查四定”（见表4－8）

化工装置建设完成后必须进行“三查四定”。“三查”：查设计漏项、查未完工程、查工程质量隐患；“四定”：对查出问题定任务、定人员、定时间、定措施。“三查”工作要对照每一张设计图纸、每一项技术方案仔细检查每一台设备、管线、阀门、仪表及电气等安装质量。“四定”工作一般由生产设备的技术负责人、设计师及施工单位对“三查”查出的问题逐项进行论证。

表4－8　××公司××项目“三查四定”记录表

单位工程：　　　　专业：　　　　检查时间：　　年　　月　　日

序号	检查内容	责任单位	措施	完成时间
1				
2				
3				
4				

2. 吹除与清洗

吹除与清洗主要是通过使用空气、蒸汽、水或相关化学溶液等介质对设备及管道进行吹扫、冲洗、溶解，清除在施工安装过程中残留或黏附于内壁的泥沙、油脂、焊渣和铁锈等，防止在系统试开车时设备、管道、阀门堵塞，从而造成设备、仪表、阀门损坏，或防止污染催化剂、化学溶液造成产品质量不合格，或防止发生燃烧、爆炸等事故。这是保证化工装置能够顺利试开车和长周期安全稳定运行的一项重要准备工作。

3. 装置的水压试验和气密性试验

化工装置在试开车前，必须进行强度（压力）试验，一般包括水压试验和气密性试验。

当管道或系统操作压力较高，气体介质压力难以达到试验压力，或管线较长，不便于用气体进行查漏时，则采用水压试验。水压试验通常采用洁净水作为试验介质，试验环境温度在5 ℃以上，否则要有防冻措施。水压试验升压和卸压均要缓慢进行，当压力升至工作压力时，应暂停升压，确认无泄漏后继续升压至试验压力，根据管道或系统容积大小决定保压时间，一般保压时间为10～30分钟。

气密性试验主要是为了检验容器和管道的连接部位（如焊缝、法兰连接面、阀门密封面、螺纹连接处、铆接缝）的密封性能，以保证装置在使用压力下保持严密不漏。气密性试验所采用气体一般为干燥、洁净的空气、氮气或其他惰性气体。进行气密性试验时，升压应分段缓慢进行，先升压至试验压力的10%，保压5～10分钟，用肥皂水检查无泄漏后，升压至试验压力的50%，检查无泄漏后，按每级10%逐级升压，每级稳压3分钟，达试验压力后，再次用肥皂水喷涂各密封点进行最终查漏，保压时间不低于30分钟。

注意事项：若设备内衬耐火材料不易烘干，设备生产时装有催化剂、干燥剂、遇水易分解的介质，反应器或管道内不允许有水，设备内物料遇水易发生爆炸性反应时不得做水压试验。

4. 干燥

干燥主要是为了脱除设备和管道内部的水分以防止催化剂或干燥剂在潮湿环境中发生溶胀而失效，或者防止生产介质遇水发生分解或其他反应而遭到破坏，从而影响生产运行。在实际生产中一般用热空气、干燥的氮气、火焰等进行干燥。

5. 开车前其他准备工作

（1）所有仪表及连锁调试完成，连锁处于“解除”状态。

（2）所有控制器处于“手动”模式。

（3）引蒸汽前要先排冷凝水，防止液击事故。

（4）所有运转设备都有操作规程。

（5）所有公用介质引入系统。

（6）所有催化剂升温还原完成，且温度达到开车温度。

（7）有任何漏点都要汇报给班长。

三、常见化工单元开停车操作

1. 换热器开停车

换热器按结构可分为管式换热器、板式换热器、特殊换热器；按用途可分为加热器、预热器、过热器、蒸发器、再沸器、冷却器、冷凝器。下面以最常用的管式换热器为例介绍换热器的开停车操作。

（1）换热器开车

1）检查流程：打开壳体底部阀门，排尽积水后关闭；若介质为气体，则打开顶部排气阀门。

2）先通入低温流体，若低温流体是液体，则待液体充满换热器时，关闭排气阀门。

3）缓缓通入高温流体，防止因温差大，流体急速涌入而产生热冲击。

（2）换热器停车

1）先停高温流体。

2）待设备温度降低后再停低温流体，以保证停车安全。

3）若长期停车，应排尽积液，放空气体，并且用惰性气体置换换热器内的气体，以确保设备检修安全。

2. 离心泵开停车

离心泵是化工装置中最常见的液体输送设备，开停车操作如下。

（1）离心泵开车

1）启动前准备工作

①检查离心泵进出口管线、阀门、法兰、压力表接头等是否安装完成，安装流程是否正确，连接部位及地脚螺栓是否有松动。

②检查油质、油位是否正常。

③盘车三圈以上，确认盘车灵活。

④检查护罩是否完好，严禁护罩与靠背轮接触。

⑤检查周围有无杂物。

2）开泵

①打开泵入口阀门，打开出口阀前导淋，排尽泵内气体。

②启动电机。

③出口压力表显示出口高于操作压力时，逐步打开出口阀门，调节到所需流量，使泵投入正常运转。

④观察泵运行5分钟，无异常后方可离开。

（2）离心泵停车

1）关闭出口阀门，防止泵倒转。

2）按下停车按钮，关闭电机。

3）若离心泵需要长期停车或检修时，则关闭进口阀门，作为备车则不需要关闭。

3. 压缩机开停车

压缩机是一种提高气体压力和输送气体的设备，是化工装置中的主要动设备，按其工作原理可分为容积型压缩机和速度型压缩机两大类。下面介绍容积型压缩机中的一种往复式压缩机的开停车操作。

（1）压缩机开车

1）准备工作

①压缩机各部件装配完毕。

②压缩机气密性试验完成，惰性气体置换完成。

③压缩机投用冷却水。

④压缩机油质、油位正常，油泵运行正常，盘车正常。

⑤压缩机连锁试验完成。

⑥压缩机周围清洁，无杂物。

⑦压缩机进出口阀门关闭，回路阀门打开。

⑧压缩机已输送高压电。

2）启动压缩机电机。

3）检查压缩机油压机回油是否正常。

4）用听音棒确认压缩机无异常响声。

5）缓慢打开入口阀门，给压缩机充压。

6）待压缩机压力与入口管道压力持平后，全开入口阀门。

7）缓慢关闭压缩机回路，提高出口压力。

8）待出口压力达到所需压力后，全开出口阀门。

9）根据需求调整回路阀门，调整压缩机负荷。

（2）压缩机停车

1）缓慢打开回路阀门至全开，减少压缩机输气量。

2）关闭进出口阀门。

3）打开出口阀门，放空卸压。

4）按停车按钮，主机停车。

5）开盘车 5 分钟后，停盘车，停油泵。

4. 精馏系统开停车

精馏是利用混合物中各组分挥发度不同的特性而将各组分进行分离的一种分离过程，常用的精馏塔有板式精馏塔和填料精馏塔。

（1）精馏系统开车

1）准备工作

①气密性试验完成。

②仪表调试完成。

③冷却水、仪表空气等公用介质正常投用。

④将蒸汽引至阀前，引蒸汽前切记要排尽冷凝水，防止液击。

2）开进料泵及阀门，给精馏塔进料。

3）待精馏塔液位逐渐升至约 60% 时，向再沸器引入蒸汽，给精馏塔升温及升压（若为真空精馏塔，则需要提前开启真空泵，给精馏塔抽真空）。

4）控制室根据精馏塔温度、压力、液位情况调整蒸汽用量，优化精馏塔各指标。

5）待回流槽液位超过 60% 且持续上升时，开回流泵给精馏塔建回流，逐步将回流调至正常值，若液位继续上升，则需要采出一部分。

6）将各指标调整至正常值，分析塔顶和塔底样品至合格。

（2）精馏系统停车

1）将产品采出改至粗产品罐，逐渐关小回流。

2）切断精馏塔进料。

3）根据精馏塔液位情况逐渐减少蒸汽引入量直至不再引入。

4）根据精馏塔液位关闭塔釜泵，根据回流槽液位关闭塔顶回流泵。

5）根据停车要求确定是否切断冷却水。

5. 吸收系统开停车

在化工生产中，吸收是分离气体混合物最常用的单元操作。它利用混合气体中各组分在所选择的吸收剂中溶解度的不同，有选择性地使混合气体中的一种或几种组分溶解至吸收剂中，从而实现分离的目的。

（1）吸收系统开车

1）准备工作

①气密性试验完成。

②仪表调试完成。

③冷却水、仪表空气等公用介质正常投用。

④人员到位。

2）打开吸收系统吸收剂循环系统，且解析塔温度达正常值。

3）缓慢打开吸收塔入口气体阀门，将吸收塔充压至操作压力。

4）逐渐打开吸收塔出口阀门，注意保持吸收塔内压力稳定。

5）控制室调整气体和吸收剂循环量，优化吸收系统指标。

6）待系统稳定后分析吸收塔出口气体指标至合格。

（2）吸收系统停车

1）关闭吸收塔进出口气体阀门。

2）逐渐关闭解析塔底蒸汽，降低吸收剂温度。

3）关闭吸收剂循环系统，给吸收塔卸压。

4）根据停车要求确定系统是否进行气体置换、排液、切断冷却水等处理。

四、系统开停车处理程序

1. 系统开车处理的步骤

（1）第一步：人员分工

班长将班组人员集合，对班组人员进行分工，确认每个人负责的工作，以及本人工作完成后的汇报程序。所有巡检人员均服从班长安排，所有操作要在接到班长或控制室下达的指令之后才能进行，班长要将注意事项和危险须知强调至每一个人。

（2）第二步：检查

巡检人员根据自己的分工，对所负责的单元进行流程检查确认，确保所有阀门开关状态正确，机泵完好且有电、公用介质正常投用，检查完成后用对讲机向班长汇报检查完毕，所有人员流程检查确认完毕后，班长要向车间分管负责人或车间主任汇报。

班长要检查确认操作规程、开车操作票（见表4－9）、记录报表等材料是否齐全，若有缺失，应及时联系工艺技术人员补充。

表4－9　　×××（设备或装置）开车操作票

编号：　　　　机号：　　　　年　月　日

序号	操作内容	执行情况	执行者
一	准备工作（按照开车要求，详细填写每一项准备工作）	完成后画“√”	操作人签字确认
1			
2			

续表

序号	操作内容	执行情况	执行者
3			
4			
5			
二	开车步骤（严格按照操作规程要求，按照先后顺序，填写每一个操作步骤）	完成后画“√”	操作人签字确认
1			
2			
操作记事			
说明	每次开车，均应严格按本操作票填写的内容逐项进行操作，并分厂备案		

检查负责人：　　　　　　　　　　　　　班组：　　　　　　　　值班长：

（3）第三步：系统开车

班组的所有开车操作指令必须由控制室统一发出，巡检人员不得擅自操作阀门。控制室操作人员在接到调度室或车间的指令后，开始联系巡检人员执行系统开车操作，每一步操作必须严格执行操作票规定的操作步骤，并做好记录。

开车操作中在引入物料或升降压、升降温度时，一定要缓慢；控制室监控流量、温度、压力计液位变化，并且及时与巡检人员沟通，及时进行调整，不得超指标进行操作。

2. 系统停车处理的步骤

（1）第一步：人员分工

班长将班组人员集合，对班组人员进行分工，确认每个巡检人员负责的工作，所有巡检人员操作要严格按照班长或控制室的指令操作，不得擅自进行操作，每完成一项操作要报告给班长或控制室，确保操作无误。

（2）第二步：检查

巡检人员根据自己的分工，对所负责的单元进行流程检查确认，确认所有阀门开关状态正确，检查完成后用对讲机向班长汇报检查完毕，所有人员流程检查确认完毕后，班长要向车间分管负责人或车间主任汇报。

班长要检查确认操作规程、停车操作票（见表 4 – 10）、记录报表等材料是否齐全，若有缺失，及时联系工艺技术人员补充。

表 4－10　　××公司××车间（设备或装置）停车操作票

机号：　　　　编号：　　　　年　月　日

序号	操作内容	执行情况	执行者
一	切断原料气	完成后画“√”	操作人签字确认
1	接调度指令后，联系控制室准备停车		
2	控制室接调度通知后联系巡检人员准备停车		
3	写出每一步操作步骤		
	……		
二	停车	完成后画“√”	操作人签字确认
1	有停车的具体操作步骤及停车完成后公用工程的处理		
2	关闭冷却水上水和回水总阀，冬天注意防冻		
3	……		
操作记事			
说明	每次停车，均应严格按本操作票逐项进行，并认真填写，分厂备案		

检查负责人：　　　　班组：　　　　值班长：

（3）第三步：系统停车

控制室或班长接到车间或调度室通知后，给巡检人员下达停车指令，巡检人员接到指令后，严格按照操作票要求的顺序进行操作，不得在无指令时对阀门擅自操作。每完成一项操作要报告给控制室，确认无误后，根据控制室指令进行下一步操作。控制室的每一个指令要严格按照操作票进行下达，跟前后工序有连接的介质，加减时必须通过调度室同意或者有调度室指令。控制室不得私自下达指令，造成其他装置波动，与公用工程相关的操作也必须通过调度室同意后方可实施。

系统停车完成后班长要报告车间和调度室。

（4）第四步：停车后的处理

系统停车完毕后，要根据停车计划（如短期停车、长期停车、停车后系统大修）要求，安排系统停车后是否需要进行卸压、排液、置换、清洗、催化剂置换、降温、退出公用工程使用等处理。班组根据车间安排做好相关工艺处理工作，其中最重要的是做好催化剂的保护。若是冬季，还需要做好防冻工作。

》任务实施

某化工公司甲醇车间甲醇装置按照计划要进行开车，假如你是当班班长，请按照系统检修后开车程序组织人员进行系统开车。

任务测评

序号	考核内容	考核标准	配分	得分
1	完成开车前准备工作，并向班长汇报	准备工作正确且完整，汇报程序正确	20	
2	对班组人员进行分工，且人员组织到位，工作完成后报告车间	对班组人员分工明确，组织到位，汇报程序正确	10	
3	按操作票操作规程开车，开车过程中要服从调度室和车间安排	能正确按照车间和调度室指示组织系统开车，操作人员操作正确	70	
总分			100	

知识拓展

一键启动开停车的运用

每一套化工装置的开停车过程都很复杂，危险性也很高，所以开停车过程控制具有很大挑战性。在开停车过程中，几乎所有的变量值在操作过程中都会发生变化，必须确保万无一失才能达到正常的稳定状态，但由于操作环境的多变性，开停车过程中很容易发生非常严重的异常。因此不管是从经济还是安全上考虑，都必须要保证开停车过程的稳定，但人的不安全因素很难从根本上杜绝。随着石油化工先进生产技术的迅速发展，机械自动化水平不断提高，现在很多装置逐渐开始应用可视化开停车、一键启动开停车，实现智能化开停车代替人工操作开停车。

目前部分装置已经实现一键启动开停车，在所有准备工作完成后，直接一键启动或一键停车，但只限于某个单元或某台机组（如变压吸附/离心压缩机等），还未普遍应用。不过随着智能化的进步，相信在不久的将来，一键启动开停车将会逐步扩大应用范围，使化工生产在较大程度上实现智能化操作。

课后作业

一、填空题

1. 系统原始开车一般按照四个阶段进行：____________，单机试车，___________，化工试车。

2. 停车分为短期停车和__________。

3. 三剂是指__________、干燥剂、__________。

4. “三查”是指查设计漏项、查未完工程、________；“四定”是指对查出问题定任务、________、定时间、________。

二、单选题

1. 水压试验通常采用洁净水，试验环境温度在（　　）℃以上。

A. 0　　B. 5　　C. 10　　D. 15

2. 在开停车过程中，与公用工程相关的操作也必须通过（　　）同意后方可实施。

A. 班长　　B. 车间　　C. 调度室　　D. 公司

3. 现场操作人员接到的所有开车操作指令必须由（　　）统一发出，巡检操作人员不得擅自操作阀门。

A. 班长　　B. 车间　　C. 调度室　　D. 控制室

三、多选题

气密性试验一般采用（　　）气体。

A. 干燥、洁净的空气　　B. 氮气或其他惰性气体

C. 氢气　　D. 氧气

四、判断题

1. 开车操作中在引入物料或升降压、升降温度时，一定要缓慢。（　　）

2. 所有设备或管道均可以做水压试验。（　　）

3. 所有巡检人员要严格按照班长或控制室的指令进行操作，不得擅自操作。（　　）

4. 化工装置在试开车前，必须进行压力试验。（　　）

五、简答题

1. 简述开车前的准备工作。

2. 简述系统停车处理步骤。

模块五

生产计划和成本管理

现代企业竞争不仅依靠先进的生产工艺和生产设备，还要依靠先进的管理技术。生产计划是化工企业生产管理的重要内容，也是最为薄弱的环节。采用合理的生产计划可以有效地降低生产成本，均衡资源利用率，提高生产效率，为企业带来丰厚的经济效益。企业如何将每一种资源最大合理化，是企业在新的商业竞争时代共同面临的难题。

任务一　认识企业生产计划

学习目标

知识要求

1. 掌握　企业生产计划内容。
2. 熟悉　生产作业计划表和班组生产作业基本要求；达成生产目标的岗位规程。
3. 了解　制定生产计划表的依据。

能力要求

1. 能够读懂生产计划表，并按生产计划表进行排产。
2. 具有严谨细致的工作作风和数字观念。
3. 具有良好的学习心态和制订计划的职业能力。

任务引入

11 名 2023 级化工专业学生在山东鲁西南某产能为 20 万吨/年的醋酸厂实习。该醋酸厂生产装置设计年运行 8 000 小时。在完成三级安全培训后，人力资源部负责人带领实习学生到化工生产车间参观学习，生产车间班长向实习学生介绍了2022年企业生产计划（见表5－1）。

表5－1　　　某醋酸厂2022年生产计划表　　　单位：吨

月份	1	2	3	4	5	6	7	8	9	10	11	12	合计
计划产量	18 300	16 500	18 300	17 700	18 300	4 000	18 300	18 300	17 700	18 300	17 700	18 300	201 700
实际产量	18 630	16 340	18 540	18 210	18 680	4 200	17 903	18 110	18 150				148 763
完成率	101.8%	99.0%	101.3%	102.9%	102.1%	105.0%	97.8%	99.0%	102.5%	0.0%	0.0%	0.0%	73.8%

注：按公司计划，6月停工更换催化剂23天。

请你和同学们一起了解该厂的生产计划表并学习制订生产计划的依据。

任务分析

醋酸是基础化工大宗物料，其生产工艺具有连续性、复杂性、大型性等特点，化学反应通常要求在一定的温度、压力和催化剂的情况下进行。企业在生产醋酸前，一般要制订严格并具有较强可行性的计划，以便实现企业经营的目标。作为实习生，应了解制定生产计划表的依据，熟悉岗位操作规程，以便快速适应岗位要求。

相关知识

一、生产计划的概念

生产计划是企业对生产任务作出统筹安排，具体拟定生产产品的品种、数量、质量和进度的计划，是企业经营计划的重要组成部分，是企业进行生产管理的重要依据。生产计划既是实现企业经营目标的重要手段，也是组织和指导企业生产活动有计划进行的依据。生产计划的目的在于通过对生产时间、原料供应、厂房设备、人力资源、市场需求、物流信息的合理规划和控制，提高化工原料利用率，缩短产品制造周期，降低库存量，实现高质量、低成本和高效率的柔性生产。生产计划概念核心要素导图见图5－1。

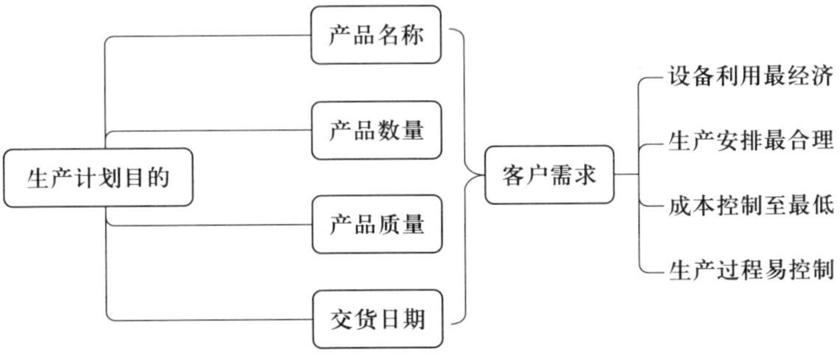

图5－1　生产计划概念核心要素导图

化工企业车间生产管理的任务之一是按企业月生产计划编制车间生产计划，并组织生产班组实施。班组在实施生产计划时，班长要掌握生产动态、产品产量、生产计划执行情况，并能根据任务处理工艺状况波动等情况，如实向调度汇报，在调度长的指令下，采取相应的控制方法，按时、保质、保量、安全地完成当班的生产作业计划。

二、生产计划的分类

生产计划是一个有机结合的系统，生产企业可以根据时限，将生产计划分为长期计划、中期计划和短期计划三种类型。

1. 长期生产计划

长期生产计划一般为 3 ~5 年，是由企业决策部门制定的具有决定意义的战略性规划。长期生产计划一旦确定将对有关产品的发展方向、发展规模、设备的更新和生产组织机构的改革等方面做出规划与决策。

2. 中期生产计划

中期生产计划生产期一般为 1 ~3 年，通常情况下的年度生产计划就是企业的中期生产计划，是生产企业中层管理部门制订的计划。中期生产计划的内容主要包括在计划年度内应实现的生产目标，如品种、产量、质量、产值、利润、交货期等。

3. 短期生产计划

短期生产计划的计划期一般为 1 年以内，是年度生产计划的继续和具体化。短期生产计划确定了日常生产运作活动的具体内容，以主要生产计划、物料供应计划、能力需求计划和生产作业计划等为主要形式。

三、生产计划的内容

1. 生产什么物料——原料名称、原料分类

例如，醋酸是基本无机化工生产流程需要的一种主要原料，醋酸装置以一氧化碳和甲醇为原料，用羰基合成法生产醋酸。

原料分类：固体原料、液体原料和气体原料等。

2. 产量多少——数量或重量

如客人订单需要 10 万吨醋酸，那实际生产应考虑到不合格品的产生，生产需要略有富余，方能保证 10 万吨的交货量，不合格品可以返回装置精制处理。

3. 质量如何——符合相应技术标准

产品质量受若干个质量控制参数控制，对质量参数的统一规定形成了质量技术标准。例如，生产出的醋酸，醋酸含量应在 99.5% ~100.5%，含水量应小于 0.1%，氯化物（以氯计）应小于 0.002%。

4. 在哪里生产——部门、单位

因化工行业的特性，生产指标主要依靠生产部门完成，车间负责人会根据排产计划，将生产指标细化到各个班组中，包括原料气制备、原料气净化、合成等工序。

5. 要求什么时候完成——期间、交期

醋酸属于大宗原料，基本是全产全销模式，通常保持“安稳长满优”的生产模式，企

业在实际排产时可根据市场情况、客户需求及生产装置检维修周期等，微调生产计划。

企业生产计划主要规定计划期内企业拟生产的全部产品品种、产量、完成期限及进度要求。图 5－2 为中国石化某分公司 2021 年 10 月的生产经营计划，它是根据装置生产能力、技术能力和产品的销售计划制订的，主要规定公司 10 月原油加工量和拟生产的全部产品名称、产量。

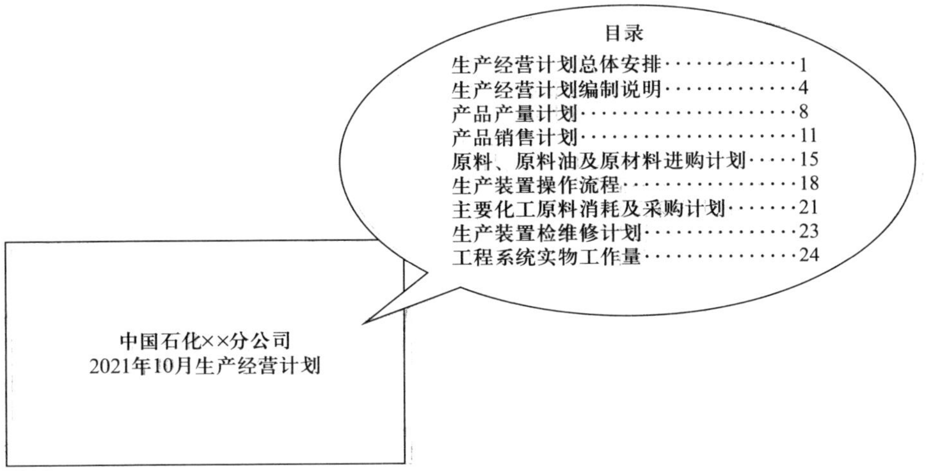

图 5－2　中国石化某分公司 2021 年 10 月的生产经营计划

6. 车间生产计划的基本内容

化工企业车间内部的生产方式是连续流水线式自动化生产，产品品种、生产工艺比较稳定，生产的各道工序都是经过严格协调、相互联动的，生产速度基本上由管线传送速度所决定。车间分配各班组生产任务时，要保证各生产班组之间生产过程的连续性、均衡性、适应性。

对于化工企业车间来说不必编制标准作业计划，只要将公司下达的月生产计划按日、按班组分配即可，也叫排产。排产应遵循以下基本原则：

（1）交货期先后原则。交期越短、交货时间越紧急的产品，越应安排在最早时间生产。

（2）客户分类原则。客户有重点客户与一般客户之分，越重点的客户，其排程应越受到重视。如有的公司根据销售额按 ABC 法对客户进行分类，A 类客户应受到最优先的待遇，B 类次之，C 类更次。

（3）产能平衡原则。各生产线生产应顺畅，半成品生产线与成品生产线的生产速度应相同，机器负荷应适当，不能产生生产瓶颈，出现停线待料事件。

（4）工艺流程原则。工序越多的产品，制造时间越长，应重点予以关注。

化工企业车间生产计划的内容一般包括生产部门、起止时间、产品产量、材料数量等，见表 5－2。

表 5 – 2　　化工企业车间生产计划内容样表

二催化车间 1 月生产作业计划表（开工天数 31 天）

生产部门	起止时间	产品名称	产量/万吨	原料	辅助材料
一班	1 日 01：00 — 1 日 08：00	气体 液化气 汽油 柴油 油浆 烧焦 损失	0.270 万吨 ÷31 天 ×7/24 1.488 万吨 ÷31 天 ×7/24 3.821 万吨 ÷31 天 ×7/24 2.382 万吨 ÷31 天 ×7/24 0.405 万吨 ÷31 天 ×7/24 0.584 万吨 ÷31 天 ×7/24 0.040 万吨 ÷31 天 ×7/24	1 月加工计划： 直蜡、焦蜡、常渣月加工量 8.99 万吨，日加工量 0.29 万吨	1 月消耗计划： 催化剂 99 吨 LBO-16 33 吨 GOR-Ⅱ66 吨 助燃剂 1.7 吨 钝化剂 5 吨 （计算方法同产量）
二班	1 日 08：00 — 1 日 17：00	同上	0.270 万吨 ÷31 天 ×9/24 1.488 万吨 ÷31 天 ×9/24 3.821 万吨 ÷31 天 ×9/24 2.382 万吨 ÷31 天 ×9/24 0.405 万吨 ÷31 天 ×9/24 0.584 万吨 ÷31 天 ×9/24 0.040 万吨 ÷31 天 ×9/24	同上	同上
三班	1 日 17：00 — 2 日 01：00	同上	0.270 万吨 ÷31 天 ×8/24 1.488 万吨 ÷31 天 ×8/24 3.821 万吨 ÷31 天 ×8/24 2.382 万吨 ÷31 天 ×8/24 0.405 万吨 ÷31 天 ×8/24 0.584 万吨 ÷31 天 ×8/24 0.040 万吨 ÷31 天 ×8/24	同上	同上

注：二催化车间 5 班 3 倒，车间每日的产出量要根据需要和可能的情况来决定。假设班组之间的生产是连续的、均衡的。

四、生产计划制订的依据

1. 市场需求量

市场需求量是制订生产计划的主要依据。如果生产计划中制订的产品产量超出了市场的需求量，容易造成产品的堆积；如果制订的产品产量低于市场的需求量，则会出现供不应求的局面，无法满足消费者的需求。

2. 企业自身生产能力

企业生产能力主要受限于生产装置加工能力，由于化工企业的生产装置安装和维护成本高，投入产出周期长，因此生产装置加工能力是企业生产能力的决定性因素。企业只有能够对装置生产能力进行充分认识和利用，才能做到合理计划。

3. 生产原料价格变动

化工企业生产原料的质量和价格对企业生产和经营有着十分重要的影响，是制订企业生产计划的重要依据。在制订生产计划时，应高度重视原料价格的波动，跟踪和预测原料市场价格走势，建立合理的库存计划。

任务实施

根据任务引入的案例，假设你是生产车间班长，已知 2023 年无更换催化剂检修，请制订出该醋酸厂 2023 年生产计划，并给出合理的年度产量。

2023 年无更换催化剂检修，以日产 600 吨、每月有效生产时长 732 小时（30.5 天）为标准制订的计划，1 月、3 月、5 月、7 月、8 月、10 月、12 月，1 月产量为 600 吨/天 × 30.5 天 = 18 300 吨；2 月产量为 600 吨/天 × 27.5 天 = 16 500 吨；4 月、6 月、9 月、11 月，每月产量为 600 吨/天 × 29.5 天 = 17 700 吨。综上，2023 年合理的年度产量为 215 400 吨。

任务测评

序号	考核内容	考核标准	配分	得分
1	读懂上年度生产计划表	能够读懂 2022 年生产计划表	40	
2	准确制订本年度生产计划	依据 2022 年生产计划表，准确制订出 2023 年生产计划表	60	
总分			100	

知识拓展

生产计划的编制必须遵循的四个步骤：

1. 收集资料，分项研究

收集编制生产计划所需的资源信息和生产信息。

2. 拟订优化生产计划方案，统筹安排

初步确定各项生产计划指标，包括产量指标的优选和确定、质量指标的确定、产品品种的合理搭配、产品出产进度的合理安排。

3. 编制生产计划草案，做好生产计划的平衡工作

在编制草案时，主要是做好生产指标与生产能力的平衡；测算企业主要生产设备和车间面积对生产任务的保证程度；生产任务与劳动力、物资供应、能源、生产技术准备能力之间的平衡；生产指标与资金、成本、利润等指标之间的平衡。

4. 讨论修正与定稿报批

通过综合平衡，对生产计划做适当调整，正确制定各项生产指标，并报请总经理或上级主管部门批准。

同时，生产计划的编制要注意全局性、效益性、平衡性、群众性和应变性。

课后作业

一、填空题

生产计划是企业对生产任务作出统筹安排，具体拟定生产产品的________、________、

__________和__________的计划，是企业经营计划的重要组成部分，是企业进行生产管理的重要依据。

二、多选题

1. 生产计划是组织和指导企业生产活动有计划进行的依据。生产计划制订依据主要包括（　　）。

A. 市场需求量　　B. 企业自身生产能力

C. 生产原料价格变动　　D. 企业前期生产记录

2. 化工企业车间将公司下达的月生产计划，按日、按班组分配的过程，称为排产。车间排产应遵循的基本原则包括（　　）。

A. 交货期先后原则　　B. 客户分类原则

C. 产能平衡原则　　D. 工艺流程原则

三、简答题

某化工厂 4 月计划生产消毒液 10 000 千克，4 月前 6 天生产了 2 100 千克。请计算出该化工厂 4 月生产任务完成情况。

任务二　成本管理

学习目标

知识要求

1. 熟悉　生产成本、期间费用构成和分类归集。
2. 掌握　联产品成本计算的一般方法。
3. 了解　生产成本分析的方法。

能力要求

1. 会对联产品生产成本进行分类归集并进行成本分析。
2. 树立全员生产成本管理意识。
3. 培养节能减排和绿色发展的职业道德。

任务引入

2023 级化工工艺专业学生在某化工厂催化车间实习，10 月用同一生产工艺生产出干气、液化气、汽油、柴油、油浆、焦炭六种联产品，消耗常蜡 66 000 吨、焦蜡 11 000 吨、常渣 7 300 吨、外蜡 71 吨，消耗催化剂 85. 00 吨、钝化剂和助燃剂 23. 25 吨，生产用新鲜水 200

吨、循环水 3 700 500 吨、软化水 40 000 吨、电 2 500 000 千瓦·时、蒸汽 15 000 吨、风 1 292 000 米^3，本期折旧及摊销 6 281.68 元，车间有 105 名生产工人，27 名生产管理人员。如果你是生产单位班长，你该怎样组织实施班组成本核算工作，指导操作工人对直接生产过程中成本费用消耗进行动态控制呢?

》任务分析

化工生产企业为了提高生产成本控制水平，提高车间经济效益，增强生产一线岗位人员的成本意识，一般在生产车间开展班组成本核算工作。正确划分成本和费用对车间、班组生产成本归集及企业成本核算具有重要意义。作为企业基层管理人员，班长负责将班组的各项经济技术指标落实到具体岗位，按要求认真填写班组核算的原始记录、台账和报表，制定班组对岗位和个人的考核办法，指导操作工人对直接生产过程中成本费用消耗进行动态控制。

》相关知识

一、班组生产成本分类归集工作

生产成本法只将生产经营过程中发生的直接材料费用、直接人工费用和制造费用计入产品成本。正确划分成本和费用对车间、班组生产成本归集及企业成本核算具有重要意义。

化工企业生产班组在联合生产过程中使用同种原料，经过同一生产过程同时生产出来的两种或两种以上的主要产品称为联产品，将“分离点”前发生的生产成本称为联合成本。联合成本在联产过程中不能直接按照产品分别进行归集，要以各种联产品为一个成本计算对象进行分类和归集。在归集时要注意区分化工企业车间和班组的联合成本项目构成的区别，班组的联合成本包括直接材料和直接人工，不包括制造费用。

1. 生产成本法

生产成本法是目前世界各国普遍采用的一种成本计算方法。用生产成本法计算成本时，只将生产经营过程中发生的直接材料费用、直接人工费用和制造费用计入生产成本，而管理费用、财务费用和销售费用不计入生产成本，而是作为当期费用直接计入期间费用。

2. 企业成本的构成

（1）成本和费用

成本是指企业为生产产品、提供劳务而发生的各种消耗。费用是指企业为销售商品、提供劳务等日常活动所发生的经济利益的流出。费用和成本是两个并行使用的概念，两者之间既有联系又有区别。成本是按一定对象所归集的费用，是对象化了的费用。费用是资产的耗费，它与一定的会计期间相联系，而与生产哪一种产品无关；成本与一定种类和数量的产品或商品相联系，而与会计期间无关。企业成本构成见图 5－3。

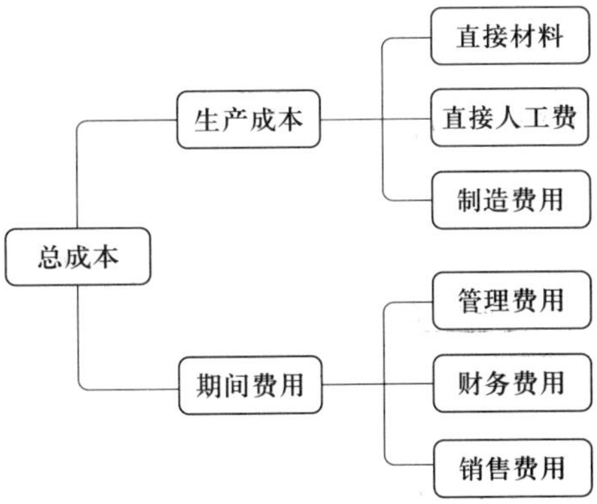

图 5－3　企业成本构成结构图

（2）生产成本

生产成本是指为生产一定种类和数量的产品所耗费的费用。它是企业生产制造过程中所发生的成本，所以也称为制造成本或产品成本。生产成本的构成见表5－3。

表5－3　　生产成本构成

类别	项目	包含内容
生产成本	直接材料	原材料、辅助材料、燃料、动力、外购半成品、包装物等
	直接人工费	指直接从事产品生产人员的工资、福利、津贴、补贴、社保等
	制造费用	指各生产车间为组织和管理生产所发生的各项费用，含生产管理人员的工资、福利、社保、生产车间及生产管理部门的固定资产折旧费、修理费、办公费、差旅费、内部运输费、保险费、试验检验费、劳动保护费、季节性修理期间的停工损失以及其他制造费用

（3）期间费用

期间费用也称为期间成本，是指不能直接归属于某个特定产品成本的费用。它包括直接从企业的当期产品销售收入中扣除的销售费用、管理费用和财务费用。期间费用的构成见表5－4。

表5－4　　期间费用构成

类别	项目	包含内容
期间费用	销售费用	指企业在销售产品、自制半成品和提供劳务等过程中发生的各项费用以及专设销售机构的各项经费，包括运输费、包装费、保险费、装卸费、广告费、销售机构费用、售后服务费等
	管理费用	指企业管理人员工资、福利、差旅费、办公费、教育培训费、社保、工会经费、职工教育经费、业务招待费、咨询费、诉讼费、审计费、排污费、绿化费、税金、场地使用费（海域使用费）、土地损失补偿费、技术转让费、技术开发费、无形资产摊销、开办费摊销、坏账损失、存货盘亏、毁损和报废（减盘盈）以及其他管理费用等
	财务费用	指企业为筹集生产经营所需资金而发生的费用，含利息支出、汇兑 损失、现金折扣、金融机构手续费等

3. 联产品

（1）联产品的含义

联产品是指化工企业中利用同一种原料及主要材料，在同一生产过程中，同时生产出两种或两种以上的主要产品。例如，炼油厂以原油为原料，经过同一加工工艺过程生产出来的汽油、煤油和柴油等就属于联产品。它们的成本称为联产品成本。

化工企业生产的特点是连续式不间断加工，原材料要经过若干连续加工步骤，才能制成产成品。其他步骤生产的都是程度不同的半成品，这些半成品，除少数可以出售外，都是下一步加工的对象。这些产成品和半成品称为联产品。

（2）联产品成本分类和归集的特点

各种联产品分离的时刻称为“分离点”。“分离点”是指在联产品生产中，投入相同原料，经过同一生产过程，分离为各种联产品的时点。分离后的联产品分为完工产品（产成品）和半成品，完工产品可直接出售，半成品需进一步加工为完工产品才可出售。因此，将分离点前在联合生产过程中发生的生产成本称为联合成本或共同成本，也是全部联产品的综合成本，分离以后需要进一步加工的成本称为可归属成本（见图5－4）。所以原料和费用支出等联合成本在联产过程中不能直接按照产品分别进行归集，要以各种联产品为一个成本计算对象进行分类和归集。

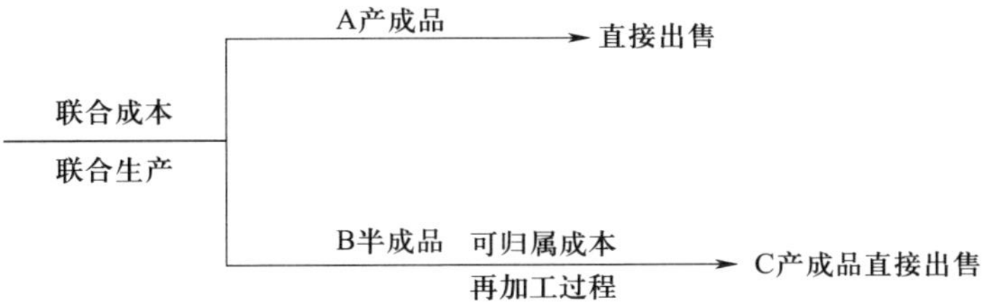

图5－4　联合成本和可归属成本

二、生产班组生产成本核算工作

车间和班组成本核算要先确定核算的对象，然后确定核算的内容，核算对象都是联产品。班组的核算内容是生产联产品的全部物资消耗和直接人工消耗，对于车间来说还包括间接制造费用。

1. 联产品成本计算的一般方法

（1）联产品分离前成本

联产品分离前成本是指联产品从投产起至分离点止这一生产过程中所发生的一切费用。各种联产品分离前不能像单一产品那样单独归集、单独计算，而要将各种联产品作为一个成本计算对象，汇集生产费用，核算各种联产品的总成本，然后再采用适当的方法，分配计算联产品中每种产品的成本。联合成本的分配方法有以下三种。

1）产量比例法：

$$\begin{matrix}\text{分配给某种联}\\\text{产品的成本}\end{matrix}=\begin{matrix}\text{联产品分离前}\\\text{成本总额}\end{matrix}\times\left(\begin{matrix}\text{该种联产品}\\\text{的产量}\end{matrix}\Big/\begin{matrix}\text{联产品各种产品}\\\text{产量的总和}\end{matrix}\right)$$

如果上述公式中联产品分离前成本总额先除以联产品各种产品产量的总和，则可求得平均单位成本，再乘以各种产品产量，即称为平均单位成本法。

2）系数分配法。系数分配法就是把各种联产品的实际产量乘以事先制定的各种联产品的系数或权数（确定系数的标准可由各产品收得率、化学方程式中获得量、各产品的重要性因素、重量、体积、质量性能、定额成本和售价等决定。如在某类产品中选择一种产销量大、生产正常、售价稳定的产品作为标准产品，并确定其系数为1，其他产品只要与标准产品相比就能得到该产品的系数），把实际产量换算成标准产量，然后按各种联产品的标准产量比例来分配联合成本。其分配公式为：

$$\begin{matrix}\text{分配给某种联}\\\text{产品的成本}\end{matrix}=\begin{matrix}\text{联产品分离前}\\\text{成本总额}\end{matrix}\times\left(\begin{matrix}\text{该种联产品的}\\\text{标准产量}\end{matrix}\Big/\begin{matrix}\text{联产品各种产品}\\\text{标准产量的总和}\end{matrix}\right)$$

3）销售价或市价比例法：

$$\begin{matrix}\text{分配给某种联}\\\text{产品的成本}\end{matrix}=\begin{matrix}\text{联产品分离}\\\text{前总成本}\end{matrix}\times\left\{\begin{matrix}\text{某种联}\\\text{产品产量}\end{matrix}\times\begin{matrix}\text{该种产品单位}\\\text{销售价或市价}\end{matrix}\Big/\Sigma\left(\begin{matrix}\text{各种联}\\\text{产品产量}\end{matrix}\times\begin{matrix}\text{各种产品单位}\\\text{销售价或市价}\end{matrix}\right)\right\}$$

这种分配方法以各种联产品都具有销售价或市价为前提，是按照各种联产品的销售收入比例来分配联合成本的。

（2）联产品分离后加工成本

联产品分离后加工成本是指联产品在分离后继续加工所发生的一切费用，包括分离后加工过程中投入的原材料成本和加工费用。如食盐电解后分离出来的氯，加入石灰制成漂白粉，这一加工过程中投入的石灰成本和加工过程中生产工人的工资、工人福利、机器动力费用以及应负担的制造费用等，都是分离后加工成本。

这种分离后的加工成本是按分离后产品品种分别计算的，其成本计算可以采用一般的成本计算方法，如品种法、分步法等。

2. 生产成本分析的方法

生产成本分析方法主要有比较分析法、比率分析法和因素分析法等。比较分析法是会计报表分析中最常用、最简便的一种分析方法，是指通过指标对比，从数量上确定差异而揭示企业财务状况和评价企业经营业绩的一种分析方法。它通过比较找出差异和差异程度，然后再应用因素分析法，对重点的有差异的项目作进一步的分析。根据分析的目的和要求不同，比较分析法有以下三种形式。

第一种：实际指标同计划（预算）指标比较，用来揭示实际与计划（预算）之间的差异，了解该项指标的计划完成情况，见表5－5。

表5－5　　某企业2021年A产品生产成本实际指标与计划指标比较

项目	实际值/百万元	计划值/百万元	差异额/百万元	差异率/%
直接材料费用	25	28	－3	－10.7
直接人工费用	90	76	14	18.4
制造费用	150	130	20	15.4

其中，差异额＝实际值－计划值，差异率＝（实际值－计划值）/计划值×100%。

由上表可知，该企业2021年A产品直接材料费用实际消耗量比计划指标有所降低，而直接人工费用实际消耗量和制造费用实际消耗量比计划指标均有所增加，且差异额较大。说明该企业下一步生产成本控制方面重点应放在直接人工费用和制造费用方面。

第二种：本企业指标同国内外同行业先进指标比较，用以找出与先进企业之间的差距，见表5－6。

表5－6　　某企业2021年A产品销售利润率与同行业先进的销售利润率指标比较

某企业	同行业先进水平	差异	差异率
5.2%	11%	－5.8%	－52.7%

其中，差异率＝（本企业水平－同行业先进水平）/同行业先进水平×100%。

由上表可看出，某企业A产品的销售利润率与同行业先进水平相比较差距将近一半。该企业需要认真分析原因，查明销售利润率下降的主要原因是产品成本提高所致，还是销售价格下降所致，以便采取措施，提高A产品的盈利能力。

第三种：企业本期实际指标与前期（上期、上年同期或历史最好水平）实际指标进行比较，计算其变动数额、变动幅度，分析其变动原因、变动趋势及对未来的影响，见表5－7。

表5－7　某企业A产品连续两年的财务指标比较

项目	2020年	2021年	比较	
			差额/百万元	幅度/%
利润总额/百万元	87	110	23	26.4
销售利润率/%	5.4	5.2	－0.2	－3.7

由表5－7看出，某企业A产品2021年比2020年利润总额上升，但销售利润率呈下降趋势，反映出该企业销售收入的增长大于利润的增长，应进一步查明成本费用增长过快的原因，以便采取相应的措施。

任务实施

根据任务引入的案例，对该化工企业催化车间生产的联产品（分离前）生产成本进行分类归集。

任务测评

序号	考核内容	考核标准	配分	得分
1	成本项目	成本项目分类正确	40	
2	各成本项目包含的内容	成本项目包含的内容归纳精准	40	
3	直接材料	准确区分原材料、辅助材料、燃料和动力	20	
总分			100	

知识拓展

“王海班”“四勤”操作法

某石化公司生产一线班组，在王海的带动下，积极探索“四勤”操作法（勤观察生产工艺变化、勤思考生产过程中的各种工艺条件、勤调整操作中工艺参数、勤总结装置生产中具有的规律性），并结合班组核算平台软件，取得了非常明显的效果。“王海班”每周都利用平台上的柱形分析图对班组在各项指标的优势与差距进行对比和分析，从中总结出下周班组在工艺操作、工艺参数调整方面的努力方向，并积极汲取其他班组在各个方面好的经验和做法，为自己班所用。

“王海班”探索了“四勤”操作法，说明生产者及其管理组织已成为成本管理的主体。生产者参与成本管理已经成为班组管理的重要工作内容。“王海班”是企业最小的基层管理组织单位，是产品直接生产过程的管理主体。管理的空间是生产现场，管理的过程是产品直接生产过程，管理的客体是生产装置机器设备，管理的内容是安全、质量、成本、产量四大因素，管理的结果是产品直接生产过程的效率、效益。成本控制是成本管理的核心，量化企业班组成本管理实质是对产品直接生产过程中可控成本与投入产出的动态控制。

课后作业

一、填空题

1. 用生产成本法计算成本时，只将生产经营过程中发生的直接材料费用、__________和__________计入产品成本，而管理费用、财务费用和销售费用不计入产品成本，而是作为当期费用直接计入期间费用。

2. 期间费用是指不能直接归属于某个特定产品成本的费用。它包括直接从企业的当期产品销售收入中扣除的销售费用、__________和__________。

二、多选题

生产成本是指为生产一定种类和数量的产品所耗费的费用。生产成本的主要构成有（　　）。

A. 直接材料　　B. 直接人工费　　C. 制造费用　　D. 管理费用

三、案例分析题

某化工企业催化车间三班 2021 年 10 月各种费用资料：共消耗常蜡 13 331 吨，单价 2 330元/吨；焦蜡 2 215 吨，单价 2 330 元/吨；常渣 1 472 吨，单价 2 002 元/吨；燃料油 10 吨，单价 900 元/吨；燃料气 110 吨，单价 350 元/吨；21 名生产工人的工资 164 373 元。三班 10 月消耗计划：原材料 39 553 200 元、燃料 45 000 元、工人工资 164 373 元。

根据上述案例，对某化工企业催化车间三班各种费用进行分类归集并进行成本分析。

模块六

班组建设

化工企业各基层单位班组建设工作如何开展，将影响整个企业安全生产、稳定运行、节能降耗、质量管理等方面的工作，深入开展好企业的班组建设工作，就是抓住了企业管理的关键因素。

任务一　班组质量管理

学习目标

知识要求

1. 掌握　QC 小组的概念和特点。
2. 熟悉　组建 QC 小组，开展 QC 小组活动。
3. 了解　QC 小组活动在班组建设中的地位和促进作用。

能力要求

1. 能够在现状调查基础上选择 QC 课题。
2. 能够使用科学的统计工具和方法开展 QC 小组活动。

任务引入

10 名顶岗实习的学生已经在不同的岗位实习 3 个月了，各班组也都为他们指定了师傅，结合所学专业吸纳成为不同的 QC 小组成员。今天，车间主任将对他们参加 QC 小组活动的情况进行检查，了解学生们是否掌握质量管理的基本知识以及能否使用科学的统计工具和方法开展 QC 小组活动。

请你和车间主任一起了解他们是如何开展 QC 小组活动的吧。

任务分析

开展 QC 小组活动，可以为生产一线班组员工创建创新、创造的平台，使具有各种才华的员工发挥聪明才智，多方面提高班组的参与度和感知度。员工通过参加活动为企业解决存在的难题，提升企业效能、创造效益，同时得到自身能力的提升和精神的愉悦，有助于企业员工整体素质的提高。

相关知识

一、QC 小组的概念和特点

1. QC 小组的定义

QC 是 Quality Control Circle 的缩写，简称为 QC，QC 小组即质量管理小组（见表6－1）。QC 小组是企业中群众性质量管理活动的一种有效组织形式，是员工参加企业民主管理的经验同现代科学管理方法相结合的产物，其特点在于广泛的群众性、明显的自主性、高度的民主性、严密的科学性。QC 小组活动对提高企业的产品质量发挥着重要的作用。

表 6－1　　质量管理小组（QC 小组）

人员	在生产或工作岗位上从事各种劳动的职工
范围	围绕企业的经营策略、方针、目标和现场存在的问题
目的	改进质量、降低消耗、提高经济效益和人员素质
手段	运用质量管理的理论和方法

2. QC 小组的特点

（1）广泛的群众性——各岗位人员都可以参与 QC 活动。

（2）明显的自主性——QC 小组自行选择课题、自行开展活动。

（3）高度的民主性——QC 小组内部绝对民主。

（4）严密的科学性——使用科学的统计工具和方法。

3. QC 小组的作用

（1）提高员工素质，激发员工的积极性和创造性。

（2）实现全员参与管理，增强人与人的团结和协作精神。

（3）提高小组组织协调能力、分析和解决问题的能力，培养科学思维。

（4）建立文明、愉悦的生产、服务、工作现场。

（5）改进产品质量、降低能耗、提高经济效益。

二、开展 QC 小组活动的方法

按照以下步骤开展 QC 小组活动。

1. 选择课题

（1）课题选择应坚持“小、实、活、新”的原则，从调查分析现状入手，围绕提高质量、降低消耗、改善管理、班组建设、安全生产、科技开发等方面选择课题。

（2）课题的来源一般有三个方面，一是指令型课题，二是指导型课题，三是由小组自行选择课题。

（3）选题常用的方法有调查表、简易图表、排列图、亲和图、头脑风暴法、水平对比、流程图等。

（4）课题名称要简洁、明确，一目了然地针对所要解决的问题，不可抽象。原则上按以下方式设定：

××○○○的△△，其中△△为解决什么，指质量、效率、成本等方面的管理特性；○○○为所解决问题的对象，指产品、业务、过程、作业的名称；××为怎样，指提高还是降低，增大还是减少。如《减少 A#高压煤浆泵转速误差》《提高 4#汽轮发电机发电量》等。

2. 现状调查

现状调查这一步骤在整个 QC 小组活动程序中起到承上启下的作用。

现状调查常用的方法有调查表、简易图表、排列图、散布图、分层法等。

3. 设定目标

设定目标是确定小组活动要把问题解决到什么程度，也是为检查活动的效果提供依据。通常可用柱状图、折线图等简易图表设定目标。目标设定后，应做目标可行性分析。

QC 小组活动目标可行性分析的要点有以下几点。

（1）上级下达的考核指标（或标准要求），必须达到。

（2）顾客提出的要求，必须予以满足。

（3）通过水平对比，在客观条件基本相同的情况下，达到同行业先进水平。

（4）历史上曾经达到的最好水平。

（5）通过现状调查，找出症结所在，预计解决程度，测算出能达到的水平。

4. 分析原因

在分析原因时要注意以下四个问题。

（1）要针对所存在的问题分析原因。

（2）分析原因要展示问题的全貌。分析原因要从各个角度把有影响的原因都找出来，尽量避免遗漏。

（3）分析原因要彻底。分析原因常用的方法是针对某一方面的原因，通过反复思考“为什么”，把它一层一层地展开分析，从原因类别展开到第一层原因，再展开到第二层，再到第三层，直至分析出解决措施。

（4）要正确、恰当地应用统计方法。分析原因常用的方法有因果图、系统图与关联图。

5. 确定主要原因

通过分析问题，找出有可能影响问题的原因，再对诸多原因进行鉴别，确定影响问题的主要原因，将对问题影响不大的原因排除掉，以便为制定对策提供依据。

确定主要原因常用的方法有调查表、简易图表、散布图、正交试验设计法。

6. 制定对策

主要原因确定之后，就可分别针对主要原因制定对策。

制定对策通常可以分以下三个步骤进行。

（1）提出对策，对策应有效，要合理、合情、合法，具备可实施性。

（2）研究、确定所采取的对策，对对策进行可行性分析，不采用临时性、应急性对策，当对策涉及技术、设备、安全环境等问题时，应与相关部门协调沟通确认后确定。

（3）制定对策表。确定所采用的对策后，就可以制定对策表，将对策内容落实到对策表中。对策表要注意按“5W1H”原则制定，即 What（对策）、Why（目标）、Who（负责人）、Where（地点）、When（时间）、How（措施）。

按“5W1H”的原则，QC 小组常用的对策表的表头见表 6－2。

表 6－2　　对策表头

序号	原因	对策	目标	措施	地点	时间	负责人

7. 实施对策

对策制定完毕，小组成员就可以按照对策表列出的改进措施加以实施。在实施过程中，组长除了完成自己负责的对策外，要多做一些组织协调工作，并定期检查实施的进程。

在实施过程中如遇到困难无法进行下去时，应及时召开小组成员讨论会，如果确实无法克服，可以修改对策，再按新对策实施。

每条对策实施完毕，要再次收集数据，与对策表中所定的目标比较，以检查对策是否已彻底实施并达到了要求。

在实施过程中应做好活动记录，把每条对策的具体实施时间、参加人员、活动地点与具体怎么做的、遇到什么困难、如何克服的、花了多少费用，都详细加以记录，以便为最后成果报告的整理提供依据。

8. 检查效果

（1）把对策实施后的数据与对策实施前的现状以及小组制定的目标进行比较。这里可能出现两种情况，一种是达到了小组制定的目标，说明问题已得到解决，就可进入下一步骤，同时应巩固取得的成果，防止问题的再发生；另一种是未达到小组制定的目标，说明问题没有彻底解决，可能是主要原因尚未完全找到，也可能是对策制定得不妥，不能有效地解决问题，所以就要回到第四步骤，重新分析原因。

（2）计算经济效益。解决了问题，取得了成果，就可以计算解决这个问题能为企业带来多少经济效益，这样能更好地鼓舞士气，调动员工积极性。经济效益分为直接经济效益和间接经济效益，计算经济效益时一定要实事求是，千万不可夸大。一般计算时间不超过活动期（包括巩固期在内）。计算出的经济效益还应减去本课题活动中的花销，才能得出 QC 小组本次活动所带来的直接经济效益。

（3）判定社会效益。通过对 QC 小组活动普及率、活动率、成果率的统计，评判该成果是否在本地区、本行业处于领先水平，是否具有长远影响，从而判定其社会效益。

9. 制定巩固措施

取得效果后，就要把效果维持下去，并防止问题的再发生。为此，要制定巩固措施。

（1）把对策表中通过实施已证明有效的措施（如变更的工作方法、操作标准；变更的有关参数、图纸、资料、规章制度等）初步纳入有关标准，报有关主管部门批准。至少要纳入班组作业指导书和班组管理制度。

（2）到现场确认，是否按新的方法操作和执行新的制度。

（3）在取得效果后的巩固期内要做好记录并进行统计，用数据说明成果的巩固状况，巩固期的长短根据实际需要确定。

10. 总结

最后，小组成员要坐在一起围绕以下内容认真进行总结。

（1）通过此次活动，除了解决本课题外还解决了哪些相关问题，还有哪些没有解决的问题。

（2）检查在活动程序方面、在以事实为依据方面、在方法的应用方面，哪些方面是成功的，哪些方面还不太成功，尚有哪些不足需要改进。

（3）认真总结此次活动所取得的无形效果。可从“四个意识”（质量意识、问题意识、改进意识、参与意识）的提高、个人能力的提高、知识的掌握、解决问题的信心、团队精神的增强等方面来总结，这些效果虽然不直接产生经济效益，但却是非常宝贵的精神财富。

（4）在做到以上几点的基础上提出下一次活动要解决的课题，以便把 QC 小组活动持续地开展下去。

三、整理 QC 小组活动成果报告

1. 整理成果报告的步骤

（1）QC 小组全体成员开总结会。

（2）确定整理成果报告的分工。

（3）执笔人整理成果文稿。

（4）讨论、修改、补充、完善成果文稿。

2. 整理成果报告的注意事项

（1）严格按 QC 小组活动程序进行整理。

（2）展示出小组的努力过程，将小组所做的努力、克服的困难和发挥的聪明才智，以书面形式表达出来。

（3）以图、表、数据为主，配少量文字。

（4）语言通俗，尽量不使用专业技术性很强的名词术语。

（5）在报告内容的前面简单介绍小组情况与课题背景。

四、QC 成果发布

1. QC 成果发布的作用

（1）交流经验，相互启发，共同提高。

（2）提高小组成员科学总结能力和表达能力。

（3）展现才华、鼓舞士气，满足小组成员自身价值的实现。

（4）现身说法，吸引更多员工参加 QC 小组活动。

（5）公平、公正地评选优秀 QC 小组。

2. QC 小组如何发布成果

（1）做好发布前的准备

1）发布人必须是 QC 小组的骨干成员。

2）正式发布之前，最好能在小组内进行一下“预演”。

（2）处理好发布时的细节

1）QC 小组成员自我介绍。

2）回答提问时，应自然流畅，避免“背书”式的回答。

3）仪态要自然大方，不要过于拘谨和紧张。

4）尽量避免使用专业性很强的技术用语，必须使用时应略作解释。

（3）简要、恰当地回答提问

1）答疑时，态度要谦虚、礼貌，回答简洁明了。

2）提问较多时要有耐心。

3）婉言谢绝技术保密问题。

（4）发布用“道具”应简单、实用

1）发布时所用的“道具”，应本着节约、实用的原则。

2）影片的制作应朴实、清晰，形式简单，不要哗众取宠。

3）有条件时，可利用投影或幻灯片进行展示。

》任务实施

请班长组织本班成员根据任务分工，对正在开展的 QC 小组活动从“四个意识”的提高、个人能力的提高、知识的掌握、解决问题的信心、团队精神的增强等方面来总结活动所取得的效果。

》任务测评

序号	考核内容	考核标准	配分	得分
1	QC 小组的组织	（1）按照有关规定进行小组登记和课题登记 （2）小组成员参与组内工作的情况 （3）小组活动时小组成员的出勤情况	10	

续表

序号	考核内容	考核标准	配分	得分
2	活动情况与记录	（1）活动过程按 QC 小组活动程序进行 （2）活动数据真实完整、妥善保存 （3）制订各阶段活动详细计划，每一阶段的活动能够按计划完成 （4）活动记录的内容与发表资料一致	20	
3	活动真实性和有效性	（1）小组课题改进了工艺、技术、流程、管理、服务 （2）各项改进在专业技术方面科学有效 （3）取得的经济效益得到财务部门的认可 （4）社会效益得到验证 （5）统计方法运用得正确、恰当、适宜	30	
4	活动成果及成果的维持、巩固	（1）小组活动课题目标达成，有证依据 （2）改进的有效措施纳入有关标准或制度 （3）现场已按照新标准或制度作业，并把成果巩固在较好的水准上 （4）活动成果应用于生产和服务实践，取得不错的效果，推广到其他类似岗位、部门	30	
5	QC 小组教育	（1）QC 小组成员了解活动内涵与程序 （2）QC 小组成员对方法、工具的掌握程度 （3）通过本次活动，QC 小组成员质量管理知识和技能水平有哪些提升	10	
总分			100	

知识拓展

QC 小组活动起源于日本，对提高日本企业的产品质量发挥着至关重要的作用；自 20 世纪 80 年代以来，其他国家的许多企业也开始尝试建立和运行 QC 小组活动。今天，QC 小组活动已经不仅仅是一种质量管理的方法，而且成了开发人力资源、调动广大员工积极性和创造性的一个重要途径。

课后作业

简答题

1. QC 小组活动遵循哪些步骤？
2. QC 小组活动可以使用哪些科学的统计工具？

任务二　班组人员管理及思想政治工作

学习目标

知识要求

1. 掌握　班组人员管理的四个方面。
2. 熟悉　企业制定的相关规章制度。
3. 了解　思想政治工作在班组建设中的重要作用。

能力要求

1. 具有做思想工作的能力和水平。
2. 具有较强的竞争意识和能力。

任务引入

10 名顶岗实习的学生已经在班组实习 3 个月了，各班组也都把他们纳入了正常的班组管理工作中。今天，车间主任将对他们参与班组学习、活动的情况进行检查，了解学生们是否掌握了班组人员管理的基本情况，以及其思想政治工作做得如何。

请你和车间主任一起了解他们的学习情况吧。

任务分析

班组是企业的“细胞”，是生产活动及其他活动的出发点和落脚点，抓好班组的人员管理和思想政治工作对班组其他方面的建设将起到指导和引领作用。

相关知识

一、班组人员管理的四个方面

人员管理是班组管理的第一要素，人员管理的重点内容是体现以人为本的管理思想。国内外经验证明，现代化企业对员工的管理，主要包括关心员工心理健康、关心员工职业生涯发展、关心员工生活、关注各项制度政策的落实四个方面。

1. 关心员工心理健康

当前我国社会转型已进入重要阶段，主要体现为经济增长速度加快，社会分化加剧，地区差距加深和利益格局失衡。人们的精神生活乃至整个生活方式都在发生着深刻的转变，随之而来的就是员工心理疾病和精神疾患发病率的逐年上升。班长应该积极行动起来，帮助员工走出阴影，努力保障员工的身心健康，为实现企业与社会的可持续发展贡献自己的一份力量。

（1）社会变革引发员工心理焦虑

急剧的社会变革必然引发越来越多的社会心理问题，员工队伍中的心理焦虑群体性特征更加明显。就业形势严峻、工作节奏加快，以及随之而来的竞争加剧，使不少员工经常处于紧张、焦虑和不安的精神状态。这些心理焦虑会不可避免地引起不良反应，影响家庭、社会的和谐稳定。世界卫生组织公布，全球约有10亿人正在经历心理和精神疾病的影响，并针对心理疾病给人类造成的严重危害断言："没有任何一项灾难比心理障碍带来的痛苦更深重。"有关专家也发出"心理疾病和精神疾患正在成为威胁人类生命及健康的第一号敌人"的警告。国际劳工组织也指出，心理疾病已成为继心脏病之后，第二种最能够使员工失去工作能力的疾病。

（2）员工心理焦虑的原因

员工心理疾病和精神疾患的群体性发病率呈逐年上升趋势，是由员工所受到的职场压力、社会压力与个体压力综合作用的结果。正是这些压力的持续交互作用，导致了员工心理与行为的扭曲，积之成疾、聚之成患。

一是职场压力或职业压力。一方面急速推进的市场经济和飞速上升的待就业人数，使得越来越多的在职人员面临着巨大的竞争压力；另一方面用人单位内部过于严格的管理机制和来自同事的"白热化"竞争甚至排挤，也会造成相当大的压力。而这其中，来自企业方面的原因更为直接。不少企业只是过分强调业绩的重要性，而忽视了对员工工作压力的疏导和紧张心理的缓解，使得员工每日战战兢兢、如履薄冰，不仅身体处于极度疲惫的亚健康状态，心理上还要经常承受繁重的工作压力和领导层的苛刻挑剔。据调查，我国有60%以上的员工有工作压力。同时工资报酬分配不合理给员工造成的压力，管理模式落后、不科学束缚、抑制员工热情的压力，企业文化恶劣导致的与同事关系冲突的人际关系压力，因工作过于繁忙导致无暇兼顾家庭而产生的压力，因机构和岗位调整而产生的职业发展前景压力，因各种现场安全事故和隐患形成的安全压力等职业压力如影随形地影响着人们在职场中的心理与行为。

二是社会压力。当今的企业员工处于社会发展的新时代，社会的飞速发展要求员工不断提高自身能力和工作效率以应对复杂的工作任务和激烈的行业竞争。同时，复杂的职场人际关系，如人际关系敏感、人际冲突矛盾与职位变迁矛盾，也增加了员工的工作压力。这些来自社会的压力广泛存在，深刻地影响着人们的社会心理与行为。

三是个体压力。这种来自员工自身方面的原因也不容忽视。一方面是家庭压力。如夫妻冲突或离异，家庭成员关系失和，代际矛盾冲突，亲属的生老病死或意外事故，家庭贫困，本人生病或失恋、失学、失业等产生的压力。另一方面是由于个人认知偏差或思维方式、价值观的片面性而产生的自我精神压力。如有些员工不愿主动与人交流，不太善于与人交往，包括与同事沟通，与上级交流。另外，有的员工过分苛求自己完美无瑕，以致在心中形成块垒；有的员工忧虑过度而常怀杞人之思；有的员工固执己见，形成一种放不下、看不破、解不开的"心锁"，造成精神自缚。

（3）维护员工心理健康是班组工作新重点

面对员工日益上升的心理疾病和精神疾患的发病率，如何帮助他们走出阴影，重新扬起生活的风帆，在力倡和谐社会的今天，显得尤为重要。班长要把关心员工心理健康作为班组工作的一个新的重点。

一是班长要营造一种关爱、尊重员工的氛围。员工作为一个企业的发展基石，理应得到充分的理解和尊重，在心情舒畅的环境下，心理疾病就失去了大量滋生蔓延的大背景和大气候。

二是班长要通过加强民主管理以减轻职业压力。世界卫生组织提出，“让工作变得更安全、更健康、更愉快”；有专家指出，“压力与情绪管理已成为21世纪企业管理最为迫切的课题之一”。大量研究表明，在职业生涯中，一个人受尊重的程度越高，他感受到的压力就越小，或他承受压力的能力就越强。事实也证明，一个人在工作学习中的自主性越大，在竞争中感受到的公正性、公平性和透明度越大，在生活、工作、学习中得到的关爱和帮助越大，他感受到的职业压力就越小，或者说他承受职业压力的能力就越强。企业只要坚持以人为本的管理理念，职业压力就会保持在一个合理而适度的水平上，员工就会保持一种高效、健康、愉悦和昂扬向上的职业状态。

三是班长加强心理卫生保健知识的学习，用员工心理上容易接受、愿意接受的方式开展心理辅导，努力帮助员工解决心理方面的疑难，帮助其释放压力、树立自信心，保持员工卫生、健康、平衡的心态。尤其是在员工生病住院、家庭出现困难、工作出现差错、同事间产生分歧、思想出现错误苗头以及岗位变动等关键时刻，班长如果能提前介入、及时谈心、倾听意见、进行心理评估和辅导，将会在最大限度上避免员工出现心理问题。班长还应利用广播、电视、黑板报等宣传工具，让员工从多角度、多渠道接受心理健康教育，引导员工正确认识自身的身心发展特点，掌握解决心理问题的方法和技巧，鼓励员工遇到心理问题时积极寻求帮助，从而使其具有良好的心理适应能力。

心理学研究证明，压力水平与个体的动力或工作绩效曲线的关系呈一条抛物线（见图6－1），当持续过大的压力使个体无力处理工作并导致身心受损时，个体的动力或工作绩效反而大大降低；只有中等水平的压力才能使员工的动力和工作绩效达到最大值。所以，当压力尚未达到中等水平时，增加压力会提高个体工作动力与工作绩效；当压力超过中等水平时，降压减负反而会增加个体工作动力和工作绩效。企业在实际工作中调整压力以保持员工心理健康时，具体增加压力还是减轻压力，要视情况而定，比如对那些无所事事、倦怠的员工，就需要适当加压。

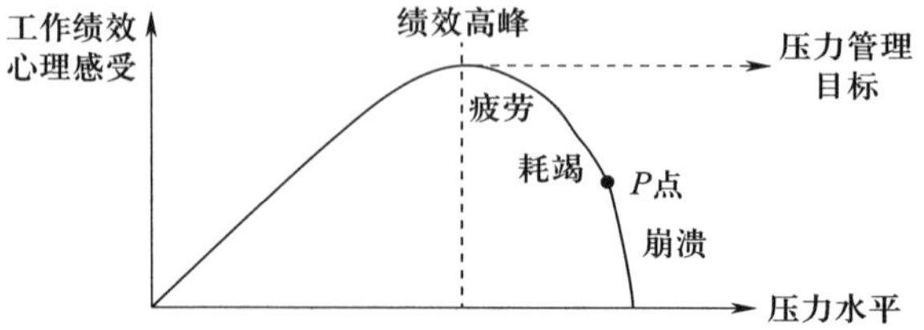

图6－1　压力与工作绩效关系图

2. 关心员工职业生涯发展

员工个人职业生涯的发展，不仅仅是员工个人的事情，还是员工所在企业的事情。员工个人职业生涯的发展，在一定意义上，同企业和班组的发展是一致的。从这个意义看，关心员工职业生涯发展，就是关心企业和班组的发展，班长应该充分认识到这一管理重点，并在管理中取得成效。

通过全方位的培训、岗位练兵和技能比武活动，引导广大员工立足本职岗位，努力提高岗位技术、技能水平和专业素质，做到学以致用、练以致用，人人岗位成才，形成以岗位工作需要和能力培养为导向的现场技能培训新模式，不断提高班组的整体素质和战斗力。把员工培训成绩纳入班组内部绩效考核，把培训结果作为员工年度绩效考核的依据之一。对在各类竞赛中获得优秀成绩的员工，按规定给予相应的奖励。构筑员工职业生涯阶梯式发展通道，拓展员工职业发展空间，加快一线班组优秀人才进入职业发展通道培养，进一步明确进入通道管理各等级人才的薪酬待遇，最大限度地保障进入通道管理人才的各种权益，形成员工职业生涯发展良性机制。

关心员工职业生涯发展，重在提高员工岗位工作能力，能力是生产发展的核心。因此，班长在管理的过程中，要注意发现员工的个人兴趣、长处及存在的问题，做到扬长补短，及时对员工提出发展建议，并积极为其创造展示才能和接受培训学习的机会。员工职业生涯发展管理，是员工情感和企业制度管理最佳的结合形式。

3. 关心员工生活

班长关心员工生活，员工就会关心班组发展，班组发展同员工发展息息相关。班长特别要关心员工生活中的细节问题，某些看似不起眼的小问题，如员工家里生活困难、子女上学问题、婚丧嫁娶、生日等生活琐事，更能打动员工。关心员工生活是情感管理的重要内容，某些时候比制度管理更加有效。班长一定要注重这一管理内容，使班组管理取得更好的效果。

4. 关注各项制度政策的落实

班长管理的重要内容，就是结合班组实际，将企业的政策制度细化，使其更适合班组管理。如奖惩制度，特别是奖金分配制度，是落实各项制度的关键，班长要率先垂范，认真对待，不能有半点松懈，同时做到公开公正、一视同仁。制度管理要同情感管理相结合，提高制度执行的力度。

班长应制定班组民主管理制度，不定期召开班组民主生活会，及时征求员工对班组工作的意见和建议，实施班务公开，公开绩效考核、奖金分配、评先选优、岗位晋级。开展绩效面谈和双向沟通，及时受理班组人员绩效意见反馈，妥善解决绩效考评的矛盾。发挥员工在安全生产中的民主监督检查作用，做好劳动保护监督检查工作，提高员工的自我保护意识和能力。围绕企业改革发展、安全生产、经营管理、优质服务、降本增效等方面开展建言献策活动。

二、班组思想政治工作

随着改革的不断深入，企业员工的思想观念、价值取向、行为规范等发生了重大转变，以班组为单元的思想政治工作是企业发展进步的基础和力量源泉。班组思想政治工作做得好，整个单位的工作就有声有色，党支部的凝聚力、战斗力就强。

1. 提高认识，摆正位置，是抓好班组思想政治工作的前提

当前，绝大多数单位都很重视班组思想政治工作，但是也有少数单位，口头上重视班组思想政治工作，实际上认为生产经营才是硬指标，长此以往，导致班组工作一头重、一头轻，班组思想政治工作任务越积越多，问题越拖越大，造成班组员工工作积极性不高，干情绪活、发牢骚现象多，最终生产经营任务无法完成，各项工作处处被动，反而事与愿违。

（1）班组思想政治工作与生产经营任务要等同对待，纳入计划管理的轨道。在确定班组生产经营目标的同时，也要确定班组思想政治工作的目标，在给班组安排经营任务的同时，也要安排思想政治工作任务。否则，班组思想政治工作无目标、无计划、无安排，最终会被随意性、惰性淹没。

（2）班组思想政治工作要有针对性，对待班组思想政治工作不要千篇一律，要突出“活”字。如一线班组要侧重培养员工的苦干精神，后勤班组重点要教育员工坚守岗位、尽职尽责等。如果“胡子眉毛一把抓”，则不会达到预期的效果。

只有提高认识，坚定思想指导行为的思想，充分认识班组思想政治工作的复杂性、艰巨性，把班组思想政治工作与生产经营等同对待，才能把思想政治工作真正落实到班组。

2. 配好班长，发挥作用，是抓好班组思想政治工作的关键

班长是基层单位的“兵头将尾”，既是一名战斗员，更多的时候又是一名指挥员，班长在工作中应该加强与员工的思想沟通交流，以自己的言行，鼓动起他人的工作热情。因此，一定要选拔思想好、安全责任感强、技术精、懂业务、会管理、作风正、干劲足、有威信的人担任班长。

（1）抓好班长的选拔工作。本着择优选苗、精心修苗、择时用苗的原则，对班组员工进行综合考察，将一些思想好、技术精、素质高、进取心强、有责任感、具备一定管理能力的员工作为班长预备人选。有意识地给他们加任务、压担子，让他们担任一些生产技术项目的负责人、民主管理的牵头人、文体活动的组织人，在班长休假、脱产培训等情况下，让他们代理班长职务。同时打破班长终身制，建立班长能上能下的机制，运用民主选举，将合适的人选提拔到班长的岗位上来。

（2）抓好班长的培训工作。要把对班长的培训当成是对班长最好的关心、最好的爱护、最好的帮助，班组工作任务再大，没有班长培训大，班组的事再急，没有对班长的培训急。只要班长的培训工作到位，他们的素质提高了，就能收到事半功倍的效果。

（3）充分发挥好先进典型的积极作用。运用树标、争标、夺标的方法，评选优秀班长。利用切合本队实际、行之有效的宣传方法和手段，对先进典型的事迹进行宣传，让不同层次岗位的员工、班长对照典型和标准找差距、查不足，超越典型成为新典型。同时，应克服评先选模轮流坐庄，搞形式、走过场的做法。

（4）抓好班组民主管理。要经常督促班长做好班务公开工作，对班组费用的使用、奖金发放、考勤、评先选模、劳动竞赛、各种指标完成情况等，要及时公开、经常征求意见，

增强工作透明度，出现矛盾纠纷及时化解，增强班组凝聚力。

只有选好、用好班长，充分发挥好班长的骨干作用，班组思想政治工作中遇到的各种新情况和新问题才会迎刃而解。

3. 持之以恒，真抓实做，是抓好班组思想政治工作的保证

班组思想政治工作必须树立长期作战的思想，每天要做、每天要抓，不能仅仅停留在嘴上、纸上，落实不到行动上。

（1）完善班组思想政治工作管理体系。建立党政一把手、班长负责制度以及一级对一级负责的管理网络，通过明确分工、制定管理制度，做到人人有职责、有工作内容、有考核标准，通过真抓实做，与经济利益挂钩，真正形成全员参与思想政治工作的格局，确保各项思想政治工作任务的完成。加强政治理论学习，开展社会主义、爱国主义、集体主义教育，引导员工树立正确的世界观、人生观和价值观。抓好员工的职业道德教育，培育企业主人翁意识，牢固树立遵纪守法、诚实守信、乐于奉献的理念，强化服务意识，自觉维护企业形象。

（2）不断完善激励机制。运用激励方法，调动员工积极性，增强班组凝聚力和思想政治工作的活力。例如，在班组之间开展创建工人先锋号、党员服务窗口、青年文明号、巾帼建功和金牌员工等创先争优活动，可以调动不同文化技术层次、不同性格特点的员工积极性，宣传先进典型，培育进取精神，增强荣誉感，实现自我价值。

（3）发扬一些优良传统。优良传统是前人留给我们的财富，是经过长期实践检验的好方法，因此企业应保留并发扬这些优良传统。例如，各级领导干部深入基层进行调研工作，慰问班组员工，与员工交心、谈心，做好队伍稳定工作；关心困难员工的生活、慰问病号、酷暑严寒干部跟班上井等，如果把这些优良传统保持下去，并根据实际情况的变化不断赋予一些新的内容，一定能收到令人满意的思想政治工作效果。

新时期的企业管理只有摆正班组思想政治工作的位置，充分发挥好班长和骨干的作用，持之以恒、真抓实做，才能把班组思想政治工作做到实处，真正把班组思想政治工作做好，确保班组其他方面工作具有生机和活力。

》任务实施

请班长组织本班人员开展“今天我当班长”活动，将班组人员管理的各项工作梳理清楚，结合案例谈谈如何做好班组人员的思想政治工作。

》任务测评

序号	考核内容	考核标准	配分	得分
1	关心员工心理健康	（1）了解员工队伍中的心理焦虑群体性特征 （2）了解员工心理焦虑的原因 （3）掌握压力与工作绩效关系图 （4）关注各项制度政策的落实情况	30	

续表

序号	考核内容	考核标准	配分	得分
2	关心员工职业生涯发展	（1）构筑员工职业生涯阶梯式发展通道 （2）关注员工职业生涯发展的重点	10	
3	关心员工生活	做到情感管理和制度管理相结合	10	
4	关注各项制度政策的落实	（1）掌握劳动纪律管理相关规定 （2）掌握员工假期相关规定制度 （3）了解班组民主管理制度	20	
5	班组思想政治工作	（1）抓好班组政治思想工作的前提是什么 （2）班长在班组思想政治工作的关键作用表现在哪些方面 （3）抓好班组思想政治工作的保证措施有哪些	30	
总分			100	

知识拓展

某电器公司在用人方面的做法是变“相马”为“赛马”，相马是将命运交给别人，而赛马则是将命运掌握在自己手中。而某电器公司能够将“相马”变为“赛马”的方法体现在以下几个方面。

1. “三工”并存，动态转换

“三工”即优秀员工、合格员工、试用工。某电器公司用工改革的思路是，干得好可以成为优秀员工，干得不好转为合格员工或试用员工，这种做法有效解决了“铁饭碗”工作的弊端，使企业不断迸发出新的活力。

2. 实行定额淘汰制度

即每年必须有一定数量的人员被淘汰，以保持企业的活力。某电器公司的原则是，充分发挥每个人的潜在能力，让每个人每天都能感到来自企业内部和市场的竞争压力，又能够将压力转换成竞争的动力，这是企业持续发展的秘诀。

3. 富有特色的分配制度

薪酬是重要的调节杠杆，起着重要的导向作用。某电器公司的薪酬原则是，对内具有公平性，对外具有竞争性。高素质、高技能获得高报酬，人才的价值在分配中得到体现。员工的薪酬体系不仅是单纯的货币工资，还包括住房等其他非货币形式的收入。

4. 重视精神激励

物质激励绝非唯一的手段，而如何通过其他激励方式不断开发员工的潜能，是企业高速发展的关键。某电器公司不断探索各种精神激励措施，如以员工名字命名小发明（如“启明焊枪”“云燕镜子”“召银扳手”等）、设立荣誉奖励、开展全员性合理化建议活动（可以设立“合理化建议奖”）等，以此来激发员工的工作责任感和创造力。

5. 强化培训，创造机会

某电器公司为各类人员设计了不同的升职途径，使员工一进入企业就能够明确自己的发展方向。为此，某电器公司为员工创造各种学习机会，进行以市场拓展为目标的各种形式的培训，以提升员工的能力和素质。

课后作业

简答题

1. 员工管理的主要内容是什么？
2. 为什么要重视员工的心理健康管理？
3. 某电器公司是如何做到将“相马”变为“赛马”的？

任务三　班组文化建设和岗位练兵

学习目标

知识要求

1. 掌握　化工企业“五型”班组文化建设的内容。
2. 熟悉　班组岗位练兵制度。
3. 了解　班组文化建设对企业文化建设的促进作用。

能力要求

1. 具有做思想工作的能力和水平。
2. 具有较强的竞争意识和能力。

任务引入

10 名顶岗实习的学生已经在班组实习 3 个月了，各班组也都把他们纳入了正常的班组管理工作中。今天，车间主任将对他们参与“五型”班组创建活动的情况进行检查，了解学生们是否掌握“五型”班组创建的考评内容和标准以及岗位练兵活动的参与情况。

请你和车间主任一起了解他们的学习情况吧。

任务分析

班组文化是班组成员在企业生产经营管理实践中所形成的共同价值观和行为规范，是企业文化建设的组成部分，是推进企业文化建设的重要抓手。加强班组文化建设，对于提高企业管理水平，提升团队凝聚力，增强员工责任感、使命感和归属感，充分调动员工的主动性、积极性和创造性，促进企业生存和发展，具有重要的推动作用。

相关知识

一、班组文化建设

班组文化建设应坚持以党的思想为指导，以企业生产经营为中心，以提升企业核心竞争力为根本，以推进企业文化建设为主线，通过一系列班组文化建设活动，夯实企业管理基础，提高员工综合素质，关注员工成长和发展，营造关心人、理解人、尊重人的文化气氛，把班组变为爱岗位、讲责任、懂经营、会管理、优服务的先进团队，使班组成为推进改革、严格管理、加快发展的基础和保障。

化工企业“五型”班组文化建设包括以下内容。

1. 安全型

强化班组安全生产主体地位，发挥班长对现场安全生产指挥、协调、监督把关作用，定期组织安全培训、应急演练等，切实提高员工的应急处置能力和自救能力；强化过程管理，严格落实交接班制度、巡回检查制度、隐患排查制度、“工前五分钟”安全预知制度等，认真做好危险点分析，执行标准化作业，坚决杜绝“三违”现象。

（1）认真落实班组安全生产责任制，无“三违”、轻伤及以上事故。

（2）严格执行安全规程，教育培训有计划、有记录，每季度组织一次安全知识考试，班组成员参考率、合格率均应达100%；考试成绩记录在安全作业证内。

（3）认真执行岗位应急预案，按计划每季度组织一次反事故演习；坚持“工前五分钟”安全预知制度和每周安全日活动，做到人数、时间、内容、发言记录“四落实”；搞好日常安全检查及隐患排查，并做到有记录、有整改措施、有结果；坚持“四不放过”原则；票证办理合格率100%，保管完好齐全。

（4）保证安全的组织措施、技术措施落实；正确使用劳动防护用品和工具；生产场所安全标识齐全、规范；各岗位人员考核合格、持证上岗。

（5）按规定配齐安全工具，使用完毕后保管完好，定期检查测试，并有记录；工作场所的消防器材落实到班组；班组成员熟悉各种安全器材的性能和使用方法；劳动防护用品穿戴整齐。

（6）牢固树立“保护环境光荣，污染环境可耻”的意识，做到“不环保不生产，不环保不检修”；加强环保装置运行管理，确保污染物达标排放。

（7）强化环境安全管理，完善环境风险预控体系。认真分析本界区内影响环境的因素，编制废水、废气、溶液泄漏等突发环境事件的应急预案。

2. 质量型

加强质量动态监控和精细管理，做到人人有职责、事事有程序、干事有标准、过程有痕迹、绩效有考核，将班组建设推向科学化、规范化、制度化和常态化；开展“质量信得过”班组创建活动、QC小组活动，创建品牌工程、效益工程、精品工程，工程质量实现动态达标，严格做到班清班结、量化考核、责任到人、及时公示。

（1）积极开展QC小组及合理化建议活动，进行管理创新或技术创新；积极创建“质量信得过”班组；QC小组活动有活动过程和成果总结记录。

（2）严格进行交接班管理，接班班长要对本班工作重点进行安排和部署；严格进行班前预检；严格执行生产岗位八项管理制度。

（3）现场实施“6S”管理，实行定置管理，工具、备品备件摆放整齐，物放有序；生产现场、设备清洁，无油污、无明火、无垃圾、无废料，不漏油、不漏水、不漏气、不漏电、不漏风；卫生区清洁无死角，坚持工完料净场地清；班容班貌整洁，窗明几净。

（4）班组生产月有计划、周有安排、日有布置，目标明确，量化到人。

（5）设备包机制度明确，巡检制度健全；定期巡回检查所辖设备，掌握设备运行状况，及时汇报、消除设备缺陷。

（6）严格执行操作规程、技术规程、岗位操作法，严格控制各项工艺指标；环境保护工作落实到人；严格执行装置开停车工艺操作票、机电化仪管联检本记录书写规范、准确，对发现的问题能及时记录和反馈。

（7）对于上级印发的与本班组有关的各种规章制度、各类票证、报表、资料及班组基本记录等有专人保管，有条件的班组对班组建设资料进行云管理。

（8）各种报表、交接班本等原始记录数据真实、准确、齐全，字迹工整。

3. 效益型

开展群众性效益技术创新，精心组织管理创效、节支增效、修旧利废、节能降耗、对标挖潜、技术攻关等活动，开展岗位创效劳动竞赛，提高岗位效益和员工综合素质；积极开展“金点子、银点子”工程、“五小”（小发明、小创造、小革新、小设计、小建议）活动、“实名操作法（工艺）”命名及合理化建议等活动，激发员工创新创效活力。

（1）创新开展具有班组特色的劳动竞赛活动，积极参与车间或公司组织的各类劳动竞赛评比。

（2）各项工艺指标符合操作规程，符合公司控工艺指标、车间控工艺指标；班组服从生产调度指挥，配合上下游工序间的工作。文明生产、科学生产，勇创高产，保证生产装置“安稳长满优”运行。

（3）所管辖设备完好、整洁，物见本色，标识齐全；设备泄漏率低于规定值。

（4）班组各项管理制度健全，如考勤制度、完全市场化制度、学习制度、班务会制度及各项生产制度等；认真执行车间（事业部）完全市场化工资结算办法，实行班清班结，班组工时定额准确，员工奖罚合理。

（5）加强和完善市场管理，按照全面预算管理要求，进行三级市场核算，班清班结、日清日毕。

4. 学习型

班组成员要树立“工作学习化、学习工作化”的理念，企业定期组织员工学文化、学技术，开展读书活动，交流工作经验和读书体会，提高员工技能和文化素质，促进员工成长进步。企业应制订员工学习计划，明确学习内容，建立每日一题、每周一课、每月一考、每季一评的“四个一”学习制度，有针对性地开展安全和技能培训、岗位实操培训等，做到学有记录、学有榜样、学有目标、学有成效；结合班组实际创新学习方法，搭建交流平台，采取互动式、教授式、解说式、观摩式等多种方法，将集体学习和自我学习紧密结合，班长要率先垂范，以身作则，带动班组成员学业务、练技能，形成互助互学、共同提高的良好氛围。

（1）坚持政治学习、走访谈心制度；做好员工思想政治工作，使员工思想稳定，无越级上访事件。

（2）严格执行培训体系文件，规范培训程序，季度培训有计划、有记录、有评价、有总结。

（3）提高员工技术业务素质，达到本岗位“三懂”“四会”，培训计划完成率100%，员工合格率大于95%。

（4）发挥“员工书屋”阵地作用，积极开展业余学习培训制度，鼓励员工自主学习。

5. 和谐型

充分发挥班长的团结凝聚作用，积极推行班组民主管理，赋予员工安全生产、班组奖罚、民主评议等方面知情权、参与权、表达权、监督权；建立班务公开制度，涉及班组管理制度、分配制度及员工切身利益的重大问题，须经班组全员集体讨论通过后执行。维护员工利益，关心员工生活，解决员工困难，维护班组女员工的特殊权益。

（1）员工应遵守社会公德、职业道德和各项规章制度，无违法违纪行为，积极参加各项活动；企业积极搞好员工互助互济活动和班组间的团结协作，认真做好基层宣传工作。

（2）加强劳动纪律自主管理，考勤及时、公正、公开，请休假手续齐全。

（3）每月组织班务月度评析，对上月班组工作进行总结，讲评班组成员工作表现，公布班组成员月度绩效考核结果。

（4）严格按照定员标准配置岗位人员，不得私自设岗、调配人员；合理安排员工带薪年休假。

（5）班组组织健全，“六员一长”职责明确，各负其责，核心作用好；按要求设置班组园地，内容丰富、有特色，动态管理。

二、班组岗位练兵

为进一步提高全体员工的综合素养，加快高素质人才队伍培养，强化全员学知识、练技能、强本领、提素质的热情，实现员工理论知识、操作技能和安全技术水平同步提升，推动企业跨越式发展，并为企业提供各类人才保障，企业应制定班组岗位练兵制度。具体要求如下：

1. 利用每天班前、班后会，生产例会等时间，宣传岗位练兵、技术比武的目的和意义。引导班组成员立足岗位学技能，提升员工岗位技能操作水平，增强员工参加岗位练兵的积极性和自觉性。

2. 本着“干什么学什么，缺什么补什么”的原则，有针对性地对员工采取理论与实践相结合的培训。按照培训有关规定，理论占总成绩的40%，实际操作占60%，并对成绩优秀的员工给予一定的物质奖励，对成绩较差的员工进行处罚和重点培训，从而激励员工，形成比、学、赶、练、超的良好氛围。

3. 各生产操作岗位设立岗位练兵台，根据岗位应知应会建立岗位练兵卡，其内容应齐全、正确、不断更新。

4. 经常开展岗位练兵活动，坚持每天学习岗位练兵卡上的内容，交接班时抽卡问答，要求做到学习有记录。

5. 认真执行操作人员持证上岗制度，新员工上岗和换岗必须经过安全、技术考核，考核成绩不合格的，必须复审、重考，否则不得上岗。

6. 经常组织操作人员学习岗位操作规程和岗位操作法，进行专业技术教育，每季度开展一次专业技术教育讲座活动，并进行考试，车间要将考试成绩纳入对操作人员的考核。

7. 贯彻“严格训练、严格要求”的原则，从严、从难、从实际出发，开展“导师带徒”式岗位练兵。

8. 按照专业不同，分层次确立学习的内容和目标。

（1）工艺人员

1）岗位理论知识：重点学习掌握技术规程、安全操作规程、岗位职责、应急预案、化工操作工基础知识等专业理论知识，熟悉本岗位的工艺流程、介质基本特性及介质流向，设备的型号及配备功率及开停注意事项，本工段的安全规程及可能出现的不安全因素，本岗位设备的型号配套功率，本岗位的公司控工艺指标及车间控指标，系统开停车过程中的风险点，公司工艺管理制度汇编，基本的电气、仪表知识，本车间设备原理。

2）岗位技能实操：对本岗位进行工艺、设备演讲；模拟倒换运转泵；设备出现异常响声时，准确判断是什么原因；模拟突然停电时，如何在最短时间内有次序地进行处理；对本车间发生过的一些不正常现象进行现场提问；工艺出现波动时的调整、设备出现异常响声时的判断；锅炉启、停及事故处理；水处理应急操作及化验。

（2）设备人员

1）岗位理论知识：重点学习掌握检修钳工安全操作规程、机械基础等专业理论知识。

2）岗位技能实操：测绘制图，机泵的拆卸、安装，钳工基本操作（錾、锉、锯、钻、铰孔、攻螺纹、套螺纹）。

（3）电气人员

1）岗位理论知识：重点学习掌握电气安全操作规程、电气两票、岗位职责、应急预案等专业理论知识。

2）岗位技能实操：倒负荷操作，电动机检修及维护，现场电气设备故障查找，现场电气设备一次、二次线接线。

（4）仪表人员

1）岗位理论知识：重点学习掌握仪表工安全操作规程、岗位职责、应急预案等专业理论知识，了解常用仪表的测量原理。

2）岗位技能实操：车间常见仪表故障的处理，调节阀的调试，差压变送的调校，导压管的配管，气源管的配管，PLC 组态和调试，DCS 组态和调试，维护界区内大的流程，压力控制器校验。

（5）分析操作人员

1）岗位理论知识：重点学习《分析工培训教材》《分析操作规程》及相关培训教材，熟练掌握分析数据处理方面的基本知识、各种滴定分析的基本知识，熟练掌握常用分析仪器的基本原理、操作原理。

2）岗位技能实操：岗位分析检验项目中的所有操作。

任务实施

请班长参照“五型”班组考核细则组织本班人员开展“五型”班组创建自查，夯实班组基础管理工作，提升班组自主管理、自主改善的工作能力。

任务测评

序号	考核内容	考核标准	配分	得分
1	安全型班组	（1）熟悉本岗位安全环保生产责任制、安全环保职责 （2）对本班发生的不安全事件能够进行分析，查明是否存在原因不清、责任不明、未落实到人、未记录、未上报等情况 （3）能够正确使用安全防护用品和工具 （4）检修作业有完善的环保方案，且审批手续齐全 （5）应急预案涉及人员能够熟练掌握预案的内容	20	
2	质量型班组	（1）开展 QC 小组及合理化建议活动，并有活动过程和成果总结记录 （2）有月度工作计划、月度总结，有周安排、日布置，能够严格执行 （3）巡检制度健全，包机制度明确到人，设备巡检能够及时发现隐患并及时处理 （4）班组基本资料齐全，班组记录规范、整洁	20	
3	效益型班组	（1）文明生产、科学生产，勇创高产，生产装置“安稳长满优”运行 （2）所管辖设备完好、整洁，物见本色，标识齐全，设备泄漏率低于规定值 （3）班组各项管理制度健全，班组工时定额准确，员工奖罚合理 （4）能够按照全面预算管理要求，进行三级市场核算，班清班结，日清日毕	20	
4	学习型班组	（1）坚持政治学习、走访谈心 （2）严格执行培训体系文件，规范培训程序，季度培训有计划、有记录、有评价、有总结 （3）能够达到本岗位“三懂”“四会”，培训计划完成率 100%，合格率大于 95% （4）建立读书角培养员工自觉学习能力	20	
5	和谐型班组	（1）班组成员遵守社会公德、职业道德和各项规章制度，无违法违纪行为 （2）建立劳动纪律管理制度，考勤及时、公正、公开，请、休假手续齐全 （3）组织班务月度评析，公布班组成员月度绩效考核结果 （4）按照定员标准配置岗位人员 （5）班组组织健全，“六员一长”职责明确，按要求设置班组园地，内容丰富、有特色，动态管理	20	
总分			100	

知识拓展

大力弘扬劳模精神、劳动精神、工匠精神

企业在发展的过程中要厚植先进文化，深入开展中国特色社会主义理想信念教育，培育和践行社会主义核心价值观，营造劳动光荣、争当先进的文化氛围，引领广大劳动群众学先进、赶先进，用劳动模范和先进工作者的崇高精神和高尚品格鞭策自己，焕发劳动热情、争做劳动模范，将辛勤劳动、诚实劳动、创造性劳动的理念化为自觉行为，不断谱写新时代的劳动者之歌。

坚持以人为本，贯彻好尊重劳动、尊重知识、尊重人才、尊重创造的方针，完善劳模政策，提升劳模地位，落实劳模待遇，推动更多劳模和先进工作者竞相涌现。实施积极的就业政策，创造更多就业岗位，改善就业环境，提高就业质量，破除阻碍劳动者参与发展、分享发展成果的障碍，努力让劳动者实现体面劳动、全面发展。弘扬良好风尚，在全社会大力宣传劳动模范和先进工作者的典型事迹，讲好劳模故事、劳动故事、工匠故事，让“劳动最光荣、劳动最崇高、劳动最伟大、劳动最美丽”的理念深入人心。

企业在发展的过程中要坚定维护和发展劳动者权益，发挥劳动人民的主体作用。劳动人民是弘扬和践行劳动精神的主体。要从最广大劳动群众最关心、最现实、最直接的利益诉求出发，解决好阻碍劳动者发展的各方面问题，积极维护劳动者的各项合法权益，持续提升广大劳动者的获得感、幸福感、安全感，使他们切实感受到辛勤劳动、诚实劳动、创造性劳动带来的发展成果，激励劳动者用自己的辛勤劳动和实际成果推进中华民族伟大复兴。

课后作业

简答题

1. “五型”班组创建的主要内容是什么？
2. 工艺岗位练兵的理论知识和技能实操分别有哪些？

参考答案

模块一　走进化工企业班组

任务一　认识班组

一、填空题

1. 班组

2. 车间安全员　车间工艺技术员　设备技术员

3. 生产调度

4. 直线-职能型　直线型

二、单选题

1. A　2. D　3. D

三、判断题

1. √　2. √　3. ×　4. √

四、简答题

1. 班组的组织结构形式是直线型，班组是企业的“细胞”，是企业组织生产经营活动的基本单位，作为企业最基层的管理组织，班组具有结构小、工作细、管理全、任务实的特点。

2. 班组是企业的“细胞”，是企业组织生产经营活动的基本单位，企业所有的生产最后都要下达到班组，每一项工作都要落实到班组，班组管理的好坏对企业的安全生产和连续生产起着决定性的作用。

3. 化工企业“一长三员”就是班长，车间工艺技术员、车间安全员和设备技术员。岗位职责略。

任务二　认识班组管理

一、填空题

1. 班长
2. 主操　副操
3. 按时巡检
4. 现场预检

二、单选题

1. B　2. B

三、简答题

1. 班长。解答提示：参考白国周班组管理法。
2. 解答提示：参考岗位工作职责和工作流程。

模块二　交接班管理

任务一　班前会召开

一、单选题

1. C　2. B　3. A　4. A　5. D　6. D　7. D　8. C　9. A　10. B

二、多选题

1. ACD　2. ABC　3. ABCD　4. ABCD　5. ABD　6. ABC　7. ABCD　8. ABCD　9. ABC
10. ABCD　11. ABCD　12. ABCD　13. ABD　14. ABC　15. ABCD

三、判断题

1. √　2. ×　3. √　4. √　5. √　6. √　7. √　8. √　9. √　10. √

四、简答题

略

任务二　现场交接班实施

一、填空题

1. 值班人员和接班人员　擅离职守
2. 离开岗位
3. 讲清　问清　看清　查清　点清
4. 站队交接　现场交接　实物交接　工作交接
5. 一、二次设备

二、单选题

1. B　2. C　3. D　4. C　5. B　6. C　7. A　8. B　9. B

三、判断题

1. × 2. × 3. √ 4. √ 5. √ 6. √ 7. × 8. √ 9. × 10. × 11. √

四、简答题

略

任务三 班后会总结

一、单选题

1. D 2. D 3. B 4. D

二、多选题

1. ABCD 2. ACD 3. ABCD 4. ABCD

三、案例分析题

略

模块三 日常巡检管理

任务一 工艺参数巡检

一、填空题

1. 定人 定时 定路线 定内容 定点

2. 班组长

3. 2 1

4. 双

二、单选题

1. D 2. B

三、判断题

1. × 2. √ 3. ×

四、简答题

解答提示：按照【操作提示】中的路线、时间参考，分角色对工艺参数进行巡检，填写表3－1、表3－2。

任务二 设备维护保养巡检

一、填空题

1. 定点、定人、定期、定标、定法

2. 日常巡检 熄灯夜巡 特殊检查

3. 看 听 闻 摸 查

4. 设备操作者 设备承包维修人员

二、单选题

1. B　2. C

三、判断题

1. ×　2. ×　3. ×　4. √

四、简答题

实施设备巡检能使设备隐患及时得到发现、异常及时得到解决，保证设备经常处于良好的状态，提高设备完好率和利用率；能使突发性事故发生率降低到最低限度，减少抢修工作量，提高工作效率，减少专职检修人员，有利于增产和降低维修费用；能使设备技术档案完整化，便于信息反馈和计算机辅助管理，提高管理现代化水平。

任务三　安全环保 6S 巡检

一、填空题

1. 违章指挥　违章作业
2. 预防污染　清洁生产　发生环保事故
3. 整理　整顿　清扫　清洁　素养　安全
4. 一目了然　快捷　有序　安全　高效

二、单选题

1. A　2. B

三、判断题

1. ×　2. ×　3. ×　4. √　5. √

四、简答题

1. 事故原因未查清不放过。
2. 事故责任人未受到处理不放过。
3. 有关人员没有受到教育不放过。
4. 事故没有制定切实可行的整改措施不放过。

模块四　生产运行管理

任务一　工艺指标优化

一、填空题

1. C 类指标（一般控制工艺指标）
2. 工艺运行指标
3. 流量

二、单选题

1. A　2. B

三、多选题

ABCD

四、简答题

1. 解答提示：先确认该工艺指标波动是否会造成安全危害、生产系统波动或停车，根据危害程度决定如何进行处理。若存在安全隐患，立即汇报车间和调度室，并及时调整；若无法恢复正常，则按照紧急停车处理，同时组织班组成员采取相应应急处理措施；若会造成生产系统停车或波动，则立即汇报车间及调度室，并组织班组成员进行相应处理；若对生产影响较小，则立即优化，将指标恢复正常即可。

2. 解答提示：先确认该工艺指标波动是否会造成安全危害、生产系统波动或停车，根据危害程度决定如何进行处理。若存在安全隐患，立即汇报班长和调度室，并及时调整；若无法恢复正常，则按照紧急停车处理，同时组织班组成员采取相应应急处理措施；若会生产系统停车或波动，则立即汇报班长及调度室，并组织进行相应处理；若对生产影响较小，则立即优化，将指标恢复正常即可。

任务二　生产异常情况处理

一、填空题

1. 工作生产过程中的超出标准范围的事件或结果
2. 设备异常　物料异常　方法异常　环境异常
3. 纠错并报告　记录异常情况
4. 个人安全防护　泄漏源　警戒线

二、单选题

1. C　2. B　3. B

三、判断题

1. ×　2. √　3. √　4. √　5. √　6. ×

四、简答题

1. 解答提示：一般操作人员要能第一时间识别出异常，立即依据操作规程视具体情况采取适当措施进行处理，并及时报告班长。班长接到报告，要立即赶赴现场了解简要经过、人员伤亡程度、设备损坏情况、岗位人员分布状况、危害生产情况、异常性质以及初步原因分析，组织人员对异常情况进行处理，并报告车间主任。

2. 解答提示：选择一门化工工艺课程，结合工艺条件和异常情况处理进行总结。

任务三　检维修处理

一、填空题

1. 计划　非计划
2. 中修
3. 设备检维修　动火　登高　进入受限空间　动土　抽堵盲板　吊装　临时用电

二、单选题

1. D　2. C　3. B

三、判断题

1. √　2. √　3. √　4. √

四、简答题

1. 解答提示：检维修前，车间班组人员需要进行停车确认；回收危险物料；置换彻底；采样分析；配合检维修人员进行有效隔离；对下水系统进行有效封堵；安全警戒；断电告知及标识。

2. 解答提示：电气焊等特种作业人员必须持证上岗；规范穿戴劳动防护用品；进行安全培训及现场交底；规范作业票证管理；进行作业现场分析；严格落实“三不动火”等措施；受限空间作业须指派至少一名接受过专业培训的监护人，明确其监护和救援职责；工具规范使用。

任务四　系统开停车

一、填空题

1. 开车前的准备工作　联动试车

2. 长期停车

3. 催化剂　化学试剂

4. 查工程质量与隐患　定人员　定措施

二、单选题

1. B　2. C　3. D

三、多选题

AB

四、判断题

1. √　2. ×　3. √　4. √

五、简答题

1. 解答提示：（1）三查四定；（2）吹除与清洗；（3）装置的水压试验和气密性试验；（4）干燥；（5）开车前其他准备工作和注意事项：

1）所有仪表及连锁调试完成，连锁处于“解除”状态。

2）所有控制器处于“手动”模式。

3）引蒸汽前要先排冷凝水，防止液击。

4）所有运转设备都有操作规程。

5）所有公用工程介质引入系统。

6）所有催化剂升温还原完成，且温度达到开车温度。

7）有任何漏点均要汇报给班长。

2. 解答提示：控制室或班长接到车间或调度室通知后，给巡检人员下达停车指令，操作人员接到指令后，严格按照操作票要求的顺序进行操作，不得在无指令时对阀门擅自操作。每完成一项操作要报告给控制室，确认无误后，根据控制室指令进行下一步操作。控制室的每一个指令要严格按照操作票进行下达，跟前后工序有连接的介质，加减时必须通过调度室同意或者有调度室指令。控制室不得私自下达指令，造成其他装置波动，与公用工程相关的操作也必须通过调度室同意后方可实施。

系统停车完成后班长要报告车间和调度室。

模块五　生产计划和成本管理

任务一　认识企业生产计划

一、填空题

品种　数量　质量　进度

二、多选题

1. ABC　2. ABCD

三、简答题

解答提示：该化工厂 4 月生产总量为：2 100 千克/6 天 ×30 天 =10 500 千克。

经过测算，该化工厂 4 月能够完成本月生产任务。

任务二　成本管理

一、填空题

1. 直接人工费用　制造费用

2. 管理费用　财务费用

二、多选题

ABC

三、案例分析题

解答提示：

该化工企业催化车间三班各种费用分类归集并分析成本如下：

1. 原材料成本：

常蜡：13 331 吨 ×2 330 元/吨 =31 061 230 元

焦蜡：2 215 吨 ×2 330 元/吨 =5 160 950 元

常渣：1 472 吨 ×2 002 元/吨 =2 946 944 元

原材料成本总计：39 169 124 元，控制在消耗计划范围之内。

2. 燃料成本：

燃料油：10 吨 ×900 元/吨 =9 000 元

燃料气：110 吨 ×350 元/吨 =38 500 元

燃料成本总计：47 500 元，超出消耗计划 2 500 元。

3. 人工成本：

21 名生产工人的工资 164 373 元，与消耗计划持平。

模块六　班组建设

任务一　班组质量管理

简答题

1.

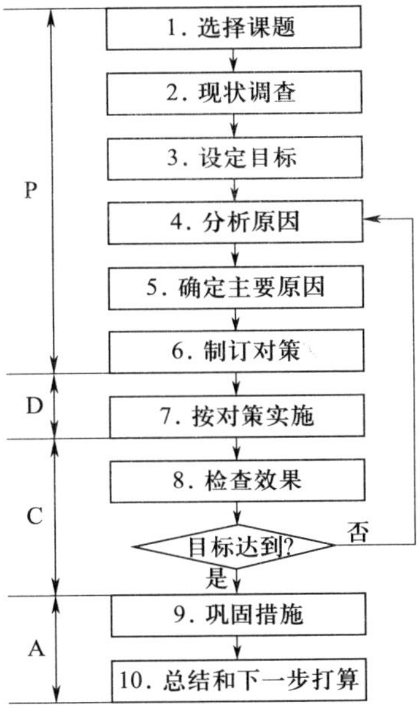

2. QC 小组活动可以使用系统图、关联图、亲和图、矩阵图、矢线图、PDPC 法、矩阵数据分析法等；“其他方法”——简易图表、正交试验设计法、优选法、水平对比法、头脑风暴法、流程图等。（简易图表包括：折线图、柱状图、饼分图、雷达图）

任务二　班组人员管理及思想政治工作

简答题

1. 现代化企业对员工的管理，主要包括员工心理健康、员工职业生涯发展、员工生活、各项制度政策的落实四个方面。

2. 员工心理疾病和精神疾患的群体性发病率呈逐年上升趋势，是员工所受到的职场压力、社会压力与个体压力综合作用的结果。正是这些压力的持续交互作用，导致了员工心理与行为的扭曲、变形与改变，积之成疾、聚之成患。面对员工日益上升的心理疾病和精神疾患趋势，如何帮助他们走出阴影，重新扬起生活的风帆，在力倡和谐社会的今天，显得尤为重要，班长要把关心员工心理健康作为班组工作的一个新的重点。一要营造一种关爱、尊重劳动者的氛围；二要通过加强民主管理调节职业压力；三是班长要加强心理卫生保健知识的学习，用员工心理上容易接受、愿意接受的方式开展心理辅导，努力帮助员工解决心理方面的疑难，帮助其释放压力，树立自信心，自觉保持卫生、健康、平衡的心态。

3. 某电器公司在用人方面变“相马”为“赛马”，表现在以下几个方面：一是“三工”（即优秀员工、合格员工、试用工）并存，动态转换。二是实行定额淘汰制度，即每年必须有一定数量的人员被淘汰，以保持企业的活力。三是富有特色的分配制度。某电器公司的薪酬原则是，对内具公平性，对外具竞争性。高素质、高技能的人才获得高报酬，使人才的价值在分配中得到体现。四是重视精神激励。某电器公司不断探索各种精神激励措施，如以员工名字命名小发明（如“启明焊枪”“云燕镜子”“召银扳手”等）、招标公关、设立荣誉奖励、开展全员性合理化建议活动等，以此来激发员工的工作责任感和创造力。五是强化培训，创造机会。某电器公司为各类人员设计了不同的升职途径，使员工一进入企业就明确了自己的发展方向。

任务三　班组文化建设和岗位练兵

简答题

1. 化工企业“五型”班组文化建设内容：安全型、质量型、效益型、学习型、和谐型班组。

2. 工艺岗位练兵的理论知识包括：学习掌握技术规程、安全操作规程、岗位职责、应急预案、化工操作工基础知识等，本岗位的工艺流程、介质基本特性及介质流向，设备的型号及配备功率及开停注意事项，本工段的安全规程及可能出现的不安全因素，本岗位设备的型号配套功率，本岗位的公司控工艺指标及车间控指标，系统开停车过程中的风险点，公司工艺管理制度汇编，基本的电气、仪表知识，本车间设备原理，专业理论知识。

技能实操包括：对本岗位进行工艺、设备演讲；模拟倒换运转泵；设备出现异常响声时，准确判断是什么原因；模拟突然停电时，如何在最短时间内有次序地进行处理；对本车间发生过的一些不正常现象进行现场提问；工艺出现波动时的调整、设备出现异常响声时的判断；锅炉启、停及事故处理；水处理应急操作及化验。